ÉTUDE SIMPLIFIÉE

DE LA

LANGUE ANGLAISE.

IMPRIMERIE MOREAU,
Rue Montmartre, n°. 39.

ÉTUDE SIMPLIFIÉE

DE LA

LANGUE ANGLAISE,

D'APRÈS UN SYSTÈME ANALYTIQUE ET INTERLINÉAIRE,

Lequel, en levant toutes les difficultés, donnera à une personne, qui n'aurait qu'une très-médiocre capacité, la facilité d'apprendre en deux mois à lire les auteurs anglais sans l'aide d'aucun maître ;

PAR I. SHORT,

PROFESSEUR DE LANGUES ET D'ÉLOCUTION.

PARIS.

Chez
- L'AUTEUR, rue Saint-Honoré, n°. 365 ;
- BAUDRY, rue du Coq-Saint-Honoré, n°. 9 ;
- A. et W. GALIGNANI, rue Vivienne, n°. 18 ;
- BOBÉE et HINGRAY, rue Richelieu, n°. 14 ;
- TRUCHY, boulevard des Italiens, n°. 18.

1826.

PRÉFACE

SERVANT D'INTRODUCTION.

Malgré toutes les belles promesses des auteurs des grammaires anglaises, il n'en est pas une qui puisse donner à un Français la moindre idée du génie de cette langue. Qu'en résulte-t-il ? On se laisse rebuter par l'apparence des difficultés ; et, chose encore étrange ! celui qui tente de les écarter, qui veut simplifier cette langue, à la fois riche et utile, est traité de charlatan et d'imposteur. Cependant, on doit se rendre à la vérité lorsqu'elle est démontrée ; et, pour se convaincre que le système analytique est le seul susceptible de faire comprendre une langue étrangère, il suffit d'examiner la première page de ce livre. Le grand mérite de ce système c'est que l'élève n'est jamais arrêté par des difficultés : ses progrès sont certains, et d'autant plus grands qu'il a toujours, pour ainsi dire, un maître à son côté. Mais, laissant au public à juger, je me bornerai à donner quelques explications nécessaires.

Il m'a toujours paru absurde de commencer la grammaire d'une langue étrangère par : *La grammaire est l'art de parler et d'écrire correctement*, et autres explications du même genre. Si l'on ignore ces grandes vérités, est-ce dans une langue étrangère qu'on doit les apprendre ? L'étymologie est une étude qui doit occuper le grammairien philosophe, et non l'élève qui commence à apprendre les mots. La prononciation ne s'apprend qu'en imitant les accents, les inflexions de voix d'un bon maître, d'une personne qui parle bien sa langue : tout autre moyen est futile. Voilà les raisons qui m'ont porté à omettre dans cet ouvrage des choses qui grossissent ordinairement les livres élémentaires. Quant à la poésie, je ne puis avoir la prétention d'en inspirer le génie en citant quelques strophes de Shakspeare, de Pope, de Swift, de Gay, etc. Je suis d'avis, au contraire, que les plus grands poëtes français apprendraient difficilement à faire des vers anglais pareils à ceux des auteurs que je viens de nommer : ainsi je renvoie les amateurs de la poésie aux ouvrages poétiques, et j'abandonne ceux qui désirent composer des vers à leur propre génie. C'est une musique de l'âme dont la nature est le seul maître.

Après avoir rendu raison de l'absence de quelques matières, il est important que je donne quelques instructions pour servir de guide à l'élève. En premier lieu, les mots qui ne changent pas de terminaison et qui sont toujours rendus en français de la même manière, sont traduits presque sans exception : l'élève n'est renvoyé aux explications grammaticales que pour s'informer de la place qu'ils doivent occuper dans la phrase. D'autres mots se rendent de différentes manières, selon leur signification ; mais, comme la règle convenable est toujours indiquée, on ne peut pas se méprendre dans le choix. Les mots qui changent de terminaison, les verbes et les noms, exigent une attention particulière ; et c'est pourquoi les renvois à ces deux parties du discours sont fréquents. Pour éviter toute possibilité d'erreur, j'ai mis les

noms toujours au singulier et les verbes à l'infinitif ; mais lorsque le substantif doit être au pluriel, on trouvera à côté la lettre G entre paren-
thèses et le chiffre qui indique comment le
pluriel se forme. De même, les lettres Q et R in-
diquent que l'élève doit lire les règles sous ces
lettres, qui lui indiqueront dans quels mode,
temps et personne il doit mettre le verbe en
anglais, et ainsi de suite ; de manière qu'en
même temps qu'on a en effet une traduction in-
terlinéaire et parfaite, on sait le pourquoi, autre
avantage qu'on ne manquera pas d'apprécier.
A l'égard des renvois, il est à propos d'observer ici que, lorsqu'ils sont placés avant le mot
dont il s'agit, il y a, presque toujours, quelque
chose à ajouter ; s'ils se trouvent après, le sens
est parfait, et les renvois ne servent qu'à donner
des éclaircissements.

Des renvois aussi fréquents paraîtront, peut-
être, fastidieux ; mais une personne qui a un
peu de mémoire se rappellera la plupart des règles après les avoir lues cinq ou six fois ; d'ailleurs, il est nécessaire de les savoir ; et, si
l'on ne se les rappelle après les avoir passées

la sixième fois, il faut y revenir encore et jusqu'à ce qu'on les retienne parfaitement. Ainsi l'on ne perd pas de temps; on ne s'exerce que sur ce qu'on n'a pas encore appris.

Les personnes qui ne tiennent pas à savoir la langue à fond peuvent l'apprendre au moyen de la clef que j'ai fait imprimer pour leur en faciliter l'étude.

Je terminerai en conseillant aux élèves de lire et de copier l'anglais des thêmes très-souvent, afin de se le rendre très-familier; et, après l'avoir transcrit et lu devant un maître, c'est-à-dire, après environ deux mois d'étude, on sera à même de lire seul les auteurs anglais.

AVIS.

Il est important que l'élève fasse attention aux signes ci-dessous :

I. M. . . . . Mode infinitif.
P. PT. . . . Participe présent.
P. P. . . . . Participe passé.
P. . . . . . Présent de l'indicatif.
PT. . . . Prétérit *idem.*
F. . . . . Futur *idem.*
C. . . . . Conditionnel de l'indicatif.
IIn. M. . . Mode impératif.
P. S. . . . Présent du subjonctif.
PT. S. . . Prétérit *idem.*
† Indique les verbes réfléchis, etc., qui se rendent, en anglais, par les verbes actifs ou neutres.
‖ Indique que le verbe est irrégulier.
— Ce signe, placé sous un mot français, indique que l'ortographe est la même dans les deux langues.
| | Les mots entre deux tirets sont traduits librement.

ÉTUDE SIMPLIFIÉE

DE LA

LANGUE ANGLAISE.

CHAPITRE PREMIER.

SUR L'ANGLAIS.

Rien n'est plus commun que d'entendre
Nothing * is more common than (R. 3.) hear
des gens qui ne savent que le français
(C. 1.) people who know nothing but ** french

* *Nothing* est un substantif qui renferme une négation : et *ne* ne se rend pas, parce que deux négations, en anglais, se détruisent.

** Lorsque la négation *ne...que* a la signification de *rien que*, il se rend par *nothing but*.

dire que   l'étude de   la langue anglaise
say that (A. 3.) study of the english language

      est difficile ; mais leur opinion n'est d'aucun
(D. 2.) is difficult ; but their   —   is of no

poids | pour ceux | qui ne jugent   que sur
weight | with those | who only * judge upon

l'évidence. Quant à moi, je n'ai jamais trouvé une
evidence. As for me , I have never found || (B. 1.)

personne   sachant   sa propre langue
person (R. 1, 5.) know his (J. 4.) own language

qui   n'apprît l'anglais en très-
who (R. 21, 27, pt. 30.) learn english in a very

peu de temps ; c'est-à-dire,   ayant pour maître un
short time ; that is to say , having for master a

homme en état de l'enseigner. Il est vrai qu'il y a
man able   to teach it. It is true that (Q. 14.)

des maîtres ignorants de par le monde qui ennuient
ignorant masters in the world who weary the

leurs   élèves pendant trois semaines avec l'al-
minds of their pupils for three weeks with (A. 3.)

phabet. | On a vu des personnes qui avaient étudié |
  — . | Some people have, (R. 18.) study |

* Lorsque la négation *ne...que* signifie : *seulement*, elle se
rend par *only*.

l'anglais | pendant une dixaine d'années ; | mais
(A. 3.) english | during ten years ; | but

ce n'est pas de leurs maîtres qu'il faut l'ap-
it is not of their masters that we must (S. 8.)

prendre. | S'il fallait autant de temps | ,
learn it. | If so much time were necessary | ,

on ferait mieux d'y renoncer.
people (N. 4.) would do better to renounce it.

Le jeune âge est le temps où il faut
(A. 3.) Youth is (A. 3) time when one ought to

étudier ; mais lorsqu'on étudie, on
study ; but when a person (R. 12.) study, he

doit apprendre : si l'on suivait un système
ought to learn : if he (R. pt. 17.) follow a system

basé sur des principes sains ,
(R. pp.) found upon (C. 1.) sound principles,

on apprendrait ; au lieu que les jeunes
(D. 2.) he (R. c. 25.) learn ; whereas (A. 3.) young

gens | se cassent la tête pendant des années, et sortent
people | rack their brains for years, and leave

du pensionnat | souvent avec un peu plus que la
school | often with little more than (A. 3.)

connaissance des termes scolastiques | de manière qu' |
knowledge of scholastick terms | so that |

ils sont dégoûtés de l'étude.
they (Q. 5. p.) (R. pp.) disgust with (A. 3.) study.

Si, au lieu de leur enseigner toutes les
If, instead of (R. 2, 5.) teach them all (A. 3.)

discussions des prétendus grammairiens , on leur
bickering of pretended grammarians , they

enseignait à parler et à écrire cor-
were taught || (N. 7.) to speak and write cor-

rectement , ils atteindraient le but proposé,
rectly, they (R. c. 25.) attain the end proposed,

et cela avec plaisir. Admettons même,
and that with pleasure. (R. im. m.) Admit even ,

que les grammaires déjà publiées ne
that the grammars already (R. pp.) publish only

continssent que ce qui est utile à savoir (je parle des
contain what is useful to be known || (I speak of

grammaires anglaises), comment une
english (D. 1, 2.) grammars), how can (S. 13.) a

personne qui ignore * la langue peut-elle
person who is ignorant of (A. 3.) language (R. 15.)

faire une juste application des ** règles auxquelles
make (B. 1.) just — of (A. 3.) rules to which

---

* Le verbe *ignorer* se rend par : *to be ignorant*, être ignorant ,
ce qui gouverne la préposition *of*, de.

** *Du* est composé de la préposition de, *of*, et le, *the* : de
même *au* se compose de la préposition *à* et de l'article *le*. Il en
est de même des pluriels. Cette composition n'existe pas en anglais.

elle   est   soumise ? comment peut-elle faire choix
it is (R. pp.) subject? how can he (R. 4.) make choice

de   la   règle convenable entre quarante autres ?
of (A. 3.) proper (D. 1, 2.) rule among forty others?

et pourquoi | élève-t-on   des   difficultés | plutôt
and   why | are (G. 2.) difficulty made || | rather

que d'aplanir le peu qui existent ? La   raison
than remove the few which exist ? (A. 3.) Reason

en est évidente : sans   pédanterie, on ne pourrait
of it is evident : without pedantry, (N. 2.) (S. 17.

        pas abuser de la   simplicité des
R. 25, 27.)   to abuse (A. 3.) simplicity of (A. 3.)

gens   ignorants. Pour apprendre à lire et à écrire
ignorant people. (R. 3.) learn to read and write

une langue, à peine a-t-on besoin   d'un
a language, a person has hardly any need of (B. 1.)

maître; mais pour parler (et   sans   cela
master ; but (R. 3.) speak (and without that

une   langue n'est qu'à moitié   apprise), les
(B. 1.) language is but half (R. pp.) learn), (A. 3.)

instructions d'un bon maître sont | d'une nécessité
    —   of a good master are | indispensably

indispensable. |
necessary. |

Si ce principe s'applique   aux   lan-
If this principle is applicable to (A. 3.) langua-

gues en général , il s'applique encore plus à la
ges in — , it is still more applicable to the

langue anglaise : la construction grammati-
english language : (A. 3.) grammatical construc-

cale en est simple, la prononciation , difficile.
tion of it is — , the pronunciation, difficult.

Prouver à une personne qui sait
(R. 3.) prove to (B. 1.) person who (R. P.) know

la langue, que la prononciation est
(A.3.) language, that (A. 3.) pronunciation (Q.5. P.)

difficile, est inutile; et, à une personne qui
difficult, is useless; and, to (B. 1.) person who

ne la sait pas, impossible; mais il
(R. 14, 27, P. 30.) know it (I. 2, 3.), — ; but it

en est autrement de la construction grammaticale.
is otherwise with the grammatical construction.

Les grammairiens français diffèrent d'opinion sur le
(A. 3.) French grammarians differ in — on the

nombre de conjugaisons des verbes : quelques-uns en ont
number of conjugations of verbs : Some have

compté jusqu'à dix, et d'autres n'en ont fait
(R. PP.) count as far as ten, and others have made ||

que quatre : en anglais, il n'y en a qu'une. Tout
but four : in english , there is but one. Every

Français sait bien les changements de
Frenchman (R. 9.) know well (A. 3.) changes of

terminaisons presque innombrables que subissent
termination almost innumerable which the irre-

les verbes irréguliers en français : en anglais, ils
gular verbs undergo in french ; in english, they

ne diffèrent des   verbes réguliers qu'au
only differ from (A. 3.) regular verbs   in the

prétérit et au participe passé. Les verbes et les
— and participle past. (A. 3.) verbs and (A. 7.)

substantifs sont les deux parties principales du
substantives are (A. 3.) two principal parts of

discours. Eh bien ! je vais prouver que les substan-
speech. Well ! I will prove that (A. 3.) substan-

tifs présentent encore moins de difficultés que
tives present still less (V. 1.) (G. 2) difficulty than

les verbes. Les substantifs qui expriment
(E. 11) the verbs. Substantives which express

des êtres raisonnables sont masculins ou fémi-
(C. 1.) reasonable beings are masculine or femi-

nins selon qu'on parle d'hommes, ou
nine, according as we (N. 3.) speak of men or

de femmes, et tous les autres sont neutres. Les ad-
women, and all the rest are neuter. (A. 1, 3.) adj-

jectifs ne changent point de terminaison : ils
jectives do not change their terminations : they

n'ont ni genre ni nombre. Un Français
have neither gender nor number. A Frenchman

est quelquefois embarrassé de connaître
(Q. 5, p.) sometimes (R. pp.) embarrass to know

le genre d'un nom pour pouvoir écrire cor-
the gender of (B. 1.) noun to be able to write the

rectement l'article ou le pronom; cela ne peut pas
article or pronoun correctly; which cannot (S. 14.)

arriver en anglais : il n'y a qu'un article, dé-
happen in english : (Q. 14.) but one definite arti-

fini : *the*, qui se place indifféremment
cle : *the*, which is (R. 8.) place (S. 5:) indifferently

avant les noms masculins, féminins ou neutres
before (A. 3.) masculine, feminine or neuter

: les pronoms possessifs conjonctifs s'accordent
nouns : the possessive conjunctive pronouns agree

avec le genre de la personne qui
with the gender of the person who (R. 10.)

possède : ainsi il est indifférent que le nom
possesss : thus it is — whether the noun

qui exprime la chose pos-
which (R. 10.) express the thing (R. 1, pp.) pos-

sédée soit du genre masculin, féminin ou neutre,
sess be of the masculine, feminine or neuter gender,

parce que si cette chose appartient à un homme, | il
because if it (R. 26.) belong to (A. 1.) man, | it

faut la faire précéder du | pronom mascu-
must be (R. 8.) precede by the | masculine pro-

lin ; si elle   appartient à   une   femme, | il
noun ; if it (R. 26.) belong to (B. 1.) woman, | it

faut la faire   précéder   du | pronom fémi-
must be (R. 8.) precede by the | feminine pro-

nin :   d'où il   résulte que les nombreuses
noun : hence it (R. 9.) result that the numerous

difficultés | qu'entraînent   les   genres
(G. 2.) difficulty | which the genders of nouns give

des noms | en français, ne   se trouvent point   en
rise to | in french, are not to be found || in

anglais.
english.

En voilà   assez   pour   prouver   que   l'anglais
This is   sufficient   to   prove   that   english

est   bien loin d'être   aussi difficile
(Q. 5, P.) very far from (Q. 5, PPr. R. 2.) so difficult

que le français ; mais il   ne   faut pas   passer
as   french ; but we must not (S. 8.) pass over

sous silence le participe   passé : on   peut
in   —   the participle past : a   person   may

apprendre et comprendre   toutes les règles sur
(S. 12) learn and comprehend   all the rules on

cette partie du discours en cinq minutes, tandis qu'en
this part of speech in five   — , whilst   in

français, elles sont   si   compliquées   que les
french, they (Q. 5, P.) so complicated   that the

plus grands   écrivains n'ont pu   les
greatest   (E. 1.) writers have not been able to

entendre.   Il   faut   donc   être
understand them. One must (S. 8.) then (R. 4.) be

aussi opiniâtre qu'ignorant pour   croire à la pré-
as   obstinate as   —   (R. 3.) believe in the pre-

tendue difficulté de   la   langue anglaise ,   quoi-
tended difficulty of (A. 3.) english language, though

qu'il y   ait   des   professeurs imbus
there   be   (R. 26.) (C. 1.) professors   who

de   cette   fausse   idée   et qui   la
have (R. 8.) imbibe   and   who   maintain this

soutiennent.
false idea.

Cependant, il   ne s'ensuit + pas que,   parce
However, it (R. 27. P. 30.) follow that, because

qu'il   est   facile de posséder une   langue,
it (Q. 5 , P.) easy to possess (B.) language,

toute personne doive   la posséder   avec
every person is (Q. 8.) to possess (I 2 , 3.) with

facilité. La chose la plus   simple   du
facility. The (E. 7.) simple (D. 1 , 2.) thing in the

monde peut   être   obscurcie par de faux
world (S. 12.) (R. 4.) be (R. 8.) obscure by false

systèmes; et voilà le   défaut des grammaires
systems; and that is (A. 3.) defect of grammars

qui   contiennent des   explications   plus sons   la
(K. 1.) contain (C. 1.) explanations more in the

forme d'énigmes   qu'autrement ;   au lieu
form of enigmas (E. 11.) any thing else ; whereas

que l'élève doit   être   aidé   par   une
the pupil ought || (S. 21.) to be (R. PP.) aid by (B. 2.)

exposition, simple, claire et concise. Le voyageur dans
—   , — , clear and — . The traveller in

| un endroit peu fréquenté | où   se   présente.
| a   by-way | where ten different

à son choix une dixaine de différentes routes, est
roads present themselves to his choice * , is

presque sûr d'errer; et, après   mille
almost sure to err; and, after (B. 10.) thousand

      détours, il   revient   au
windings and turnings, he (R. 9.) return to the

point d'où il était parti : et il en est de
— whence he (R. 17.) start : and it is the

même avec les   langues : on   marche
same thing with (A. 3.) languages : (N. 4.) go on **

aveuglément dans un labyrinthe de   difficultés,
blindly in (B. 1.) labyrinth of (G. 2.) difficulty,

---

* On ne peut presque jamais placer le nominatif après le verbe
en anglais : ainsi la traduction littérale de la phrase ci-dessus est :
Où dix routes différentes se présentent à son choix.

** *To go on*, veut dire, littéralement : *avancer*.

2

et, si l'on apprend, ce n'est que par bonheur.
and, if (N. 4.) learn, it is only* by good luck.

Si l'on demandait à un professeur comment
If a professor were (R. PP.) ask (N. 7.) how

se traduit un certain mot, cer-
a certain word is (R. 8.) translate (S. 5.), cer-

tainement, il ne se rendrait pas | ridi-
tainly , he (R. 25, 27, S. 1.) render | so ridi-

cule au point de | répondre par une citation de dix
culous as to | answer by a — of ten

ou douze règles qui concernent le mot
or twelve rules (K. 1.) affect (A. 3.) word

| dont il s'agit | ; mais, s'il écrit une
| in question | ; but, if he write (R. 26.) a

grammaire, il met sur le papier ce qu'il a
grammar, he (R. 9.) put upon paper what he is

honte de prononcer | de vive voix | .
ashamed to pronounce | by word of mouth | .

C'est, certainement, une absurdité presque in-
(Q. 9.), certainly , (B. 2.) absurdity almost in-

croyable; mais tel est le fait et tel
credible; but such (Q. 5, P.) the fact and such

est le moyen d'apprendre offert
(Q. 5, P.) the means ** of (R. 2.) learn (R. PP.) offer

---

* Voyez la note, p. 8.
** *Means* est toujours au pluriel en anglais.

au   public. Il faut des règles   pour   la
to the publick. Rules are necessary (S. 9.) for the

personne qui   veut   savoir
person (K. 2.) (R. 10.) wish (S. 19.) to know

à fond   ce   qu'il   étudie, mais ces
thoroughly what he (R. 12.) study; but those

règles doivent | la   mettre dans   le   bon
rules ought || | to conduct him on the direct

chemin | : elles   ne   doivent pas l'en
road | : they (R. 27, 21.) ought || (S. 21.) to

laisser   sortir : et c'est   faute de ce guide
let him quit it : and it is for want of this —

qu'on perd. tant de temps   et d'argent.
that people lose so much time and money.

CHAPITRE II.

SUR L'ÉDUCATION.

Quand, on considère l'homme, on doit
When (N. 3.) consider (A. 3.) man, (N. 3.) ought ||

le considérer | sous deux rapports | :
to consider him | under a twofold character | :

premièrement, comme un animal sujet aux
first , as (B. 2.) — subject to

passions, et secondement, comme un être raisonnable :
— , and secondly, as (B. 1.) reasonable being :

mais, quelquefois, il ne raisonne pas! Il
but, sometimes, he (R. 27, P. 30.) reason! He

n'est donc qu'à moitié ce qu'il devrait être; et
is then only * half what he ought || to be; and

c'est ou sa propre faute ou la faute de la
(Q. 9.) either his own fault or the fault of the

---

* Voyez la note, p. 8.

société   dont   il   fait   partie :   si
society of which he (R. 9.) form a part : if it

c'est   sa   propre faute, il est inexcusable :
(R. 26, Q. 5, ps.) his own fault, he is — :

si   c'est   la faute des   autres,
if it (R. 26, Q. 5, ps.) the fault of (A. 3.) others,

il   est   à   plaindre. Un homme sans éducation
he is to be (R. 8.) pity. A man without —

est nécessairement malheureux : il ne peut pas
is necessarily unhappy : he (S. 14.) (R. 4.)

jouir des plaisirs de l'esprit : il ne trouve
enjoy the pleasures of the mind : he (R. 9.) find

le bonheur que dans | les plaisirs des sens : il s'en
happiness only * in | sensual ones : there are

trouve peu | qui flattent les sens
few to be found || | (K. 1.) flatter the senses

d'un homme ignorant; et le peu qu'il y
of (B. 2.) ignorant man; and the few that there

a sont souvent hors de sa portée. Mais il
are, (Q. 5, p.) often out of his reach. But it

en est autrement de l'homme instruit : il
(Q. 5, p.) otherwise with the learned man : he

se retire souvent avec dégoût de
often (U. 1.) (R. 11.) retire † with disgust from

---

* Voyez la note, p. 8.

la scène bruyante de la splendeur : il   rentre
the noisy scene of splendor : he (R. 9.) enter

dans son cabinet, où il   trouve plus
(T. 11.) his study, where * he (R. 9.) find more

de contentement que dans les cours. L'homme
contentment (E. 11.) in courts. The man

| instruit se laisse prendre quelquefois aux
| of knowledge is sometimes led || away by the

sens par | le désir instinctif du bien;
senses through | the instinctive desire of good;

mais la raison l'accompagne, et
but reason (R. 12.) accompany (I. 1, 2.), and

le jugement lui fait apercevoir facilement
judgment (R. 9.) make him easily (R. 4.) perceive

l'illusion des apparences : souvent découvre-
the — of appearances : he often (U. 1.) (R. 9.)

t-il de l'ambition sous le déguisement du
discover (C. 1.) — under the disguise of

patriotisme : il voit que l'envie
patriotism : he (R. 11.) see that envy (R. 11.)

s'arroge le nom respectable d'émulation :
arrogate † the — name of — :

* _Où_, employé comme adverbe de lieu, se rend, en anglais, par _where_; lorsqu'il est adverbe de temps, on le traduit par : _when_. La conjonction _ou_, s'exprime toujours par le mot : _or_.

les ordres, les titres, les dignités, | ne lui
orders, titles, (G. 2.) dignity, | present

laissent voir que | des rubans et des médailles.
nothing to him but | (C. 1.) ribands and medals.

Il est donc naturel qu' | envisageant les
(I. 3.) is then natural that, | (R. 5.) take a view

choses d'un œil | différent des autres, il
of things | — from others, he

trouve peu de goût pour ce qui est l'objet
(R. 9.) find but little taste for (K. 4.) is the object

de leur adoration. L'honneur, même le courage,
of their — Honor, even —,

la vertu, | ne sont souvent que des noms |
and virtue , | are often mere names. |

prostitués au pouvoir, à la richesse,
(R. 8.) prostitute to power, (V. 23.) riches,

à la férocité, à la hardiesse, et à tous
ferocity, boldness, and to (V. 23.) all

les vices dont est susceptible le cœur humain.
the — of which the human heart is susceptible.

La faculté de voir autrement que les autres
The capacity of (R. 5.) see different from other

est bien souvent une source de gémissements
people is very often a — of lamentations

pour le savant : son cœur est
for the wise man (D. 5.) : his heart is

opprimé quand il   pense   à l'état
(R. PP.) oppress when he (R. 9.) think * of the

misérable   où est plongée la   plupart
    —   state into which the (E. 1.) great part

de ses   semblables : —
of his fellow-creatures are (R. 8.) plunge : —

cependant, il trouve de l'adoucissement à son
however, he (R. 9.) find (C. 2.) relief to his

affliction dans la certitude que depuis que l'homme
    — in the certainty that since (A. 3.) man

a   raisonné ; | il ne   cesse
has — (R. PP.) reason, | he has gone ||

d'améliorer son   sort ; ce qui lui
on (R. 5.) ameliorate his condition ; which —

fait porter | ses réflexions
(R. 11.) make him (R. 4.) extend | his reflections

sur la cause de cette amélioration : de   suite
to the — of this — : he immediately

il reconnaît que la culture de l'esprit
(R. 9.) discover that the cultivation of the mind

produit nécessairement tous les bonheurs de
necessarily (R. 11.) produce every comfort of

la vie humaine : il trouve que l'éducation
human life : he (R. 9.) find that —

---

* Le verbe : *to think* gouverne la préposition : *of.*

est ce qui   fait   la félicité de l'homme,
is what (R. 11.) create the felicity of man,

et, dans un transport de joie, il   rend
and, in (B. 1.)   of joy, he (R. 9.) render

grâce à ceux qui lui ont appris à
thanks to those who (Q. 1, P.) taught || him

apprécier la justice et la vérité.
to appreciate justice and truth.

C'est l'éducation qui nous soutient contre
(Q. 9.)   —   which (R. 9.) support us against

tous les maux qui nous attaquent sans cesse. L'homme
all the evils which incessantly attack us. The just

juste, luttant contre l'adversité, in-
man, (R. 5.) struggle against adversity, (R. 11.) in-

terroge son cœur : il examine sa conscience,
terrogate his heart : he (R. 11.) examine his —— ,

et, dans la droiture de sa conduite, il
and, in the rectitude of his conduct, he (R. 9.)

trouve le repos ; et la conviction d'avoir fait
find repose ; and the —— of (R. 2.) done ||

ce qu'il a dû faire, lui
what he ought || to have done || (R. 11.)

fait regarder son sort avec un
make him (R. 4.) regard his fate with (B. 2.)

œil   d'indifférence.   Est-il l'objet de
eye of   —   (Q. 7.) the object of the

l'aversion des   méchants? le   repousse-t-on
— of (A. 4.) wicked? is he (R. 8.) repulse

de la société?   le   persécute-t-on?   il |
from society? is he (R. 8.) persecute?   he |

ne   peut   que | sentir le mal; mais son
cannot (S. 14.) fail to | feel the evil; but his

innocence et sa probité | l'emportent à   la
—   and probity | are victorious in the

fin; | et son cœur   ressent, dans la pauvreté
end; | and his heart (R. 9.) feel, in poverty

et l'obscurité, ce doux plaisir que n'éprouve ja-
and obscurity, that sweet pleasure which the rich

mais   l'homme riche et   corrompu. Si
and corrupt man never (R. 11.) experience. If

l'on me dit que l'éducation n'amène pas naturellement
it be said that — does not naturally

    ces bonnes qualités,
give rise to those good (D. 1.) (G. 2.) quality,

j'y consens; mais j'observe en même temps
I consent to it; but I observe at the same time

que, sans l'éducation, elles ne se montreraient
that, without — , they would never be

jamais. Si l'on soutient qu'une
(R. 8.) disclose. If it be (R. pp.) maintain that a

personne peut être instruite sans être vertueuse,
person may be learned without (R. 4.) virtuous,

je nie cette doctrine.
I deny this — .

| Si l'on entend par homme instruit | , celui qui
| If the term learned man, mean | , he who

connaît l'histoire des différents
(R. 9.) know the history of (A. 3.) different (G. 2.)

pays du monde, leur position géographique,
country of the world, their geographical position,

leur gouvernement, leur population, leurs religion,
their government, their — , their — ,

mœurs, coutumes, langages, etc., il ne faut
manners, customs, languages, etc., nothing *

pour tout cela, qu'une heureuse mémoire :
(S. 9.) for all that but a good ** memory :

et, après avoir reçu une foule d'idées,
and, after (R. 2.) (R. 8.) receive a crowd of ideas

dans l'esprit exactement comme on aurait pu les
in the mind exactly as they might have been

---

* Voyez la 1re note, p. 7.
** Selon le génie de la langue anglaise, *good* vaut mieux ici
que *happy*

imprimer sur le papier, on est instruit ! Non,
(R. pp.) print on paper, one is learned ! No,

ce n'est pas celui qui   reçoit des idées
(Q. 11. 7.) he who (R. 11.) receive (C. 1.) ideas

sans   les examiner,   sans
without (R. 2. 5.) examine them, without (R. 2. 5.)

les comparer, qui est instruit: c'est celui qui
compare them, who is learned : it is he who

a   appris à former un jugement correct:
has (R. pp.) learn to form a correct judgment ;

et, puisque le jugement est toujours la source de l'action,
and, since judgment is always the — of — ;

je conclus que les actions d'un homme instruit
I conclude that the — of a learned man

doivent être infailliblement bonnes.
(S. 21. 8.) infallibly be good.

Le savant   est donc le vrai philosophe:
The learned (D. 5.) is then the true philosopher :

il   regarde le monde comme si c'était une ville
he (R. 9.) regard the world as if it were one town

et tous les hommes comme membres d'une grande famille :
and all men as members of one great family :

l'amour de son prochain   règne dans son
the love of his neighbour (R. 9.) reign in his

cœur, et sa vie   se   passe en
heart, and his life (S. 5.) is (R. pp.) pass in

faisant du bien aux autres; s'il
(R. 2, 5.) do (C. 1.) good to (A. 3.) others; if he

est riche, en leur distribuant des aumônes
(R. 26.) rich, by (R. 2, 5.) distribute alms to them

ou en les aidant de ses conseils; s'il est pauvre,
or (R. 5.) aid them with his advice; if he be poor,

par son exemple, en remplissant les devoirs
by his example, in (R. 2, 5, 7.) fulfil the (G. 2.)

qui lui sont prescrits sans
duty (R. 8.) prescribe to him without (R. 2, 5.)

murmurer. Si | je n'avais pas peur |
murmur. If | I were not afraid | of (R. 2, 5.)

d'opposer ma volonté | à celle de Dieu, | je
oppose my will | to the Almighty's, | I (R. c. 25.)

prierais le Ciel de vouloir en aug-
pray heaven to be (R. 8.) please (S. 19.) to aug-

menter le nombre; et j'espérerais de voir
ment the number; and I (R. c. 25.) hope to see

bientôt disparaître du monde le malheur; mais tant
misery soon disappear from the world; but so

que l'ignorance et la superstition enchaîneront
long as ignorance and — enchain

l'esprit, on ne peut espérer de
(R. 13.) the mind, we cannot (S. 14.) expect* to

---

*Espérer, veut dire, en anglais, *to hope;* mais selon l'idée des

voir cesser l'oppression, l'injustice, le vol et le meur-
see   —   , —   , theft and mur-

tre.
der discontinue.

     Y a-t-il un homme sur   la   terre qui
   (Q.14,7.) a   man upon the earth who (R. 11.)

veuille   perpétuer   les ténèbres   épaisses
désire(S.19.) to perpetuate the thick   darkness

où | sont plongés des millions d'esprits de ses
into | which(K.15,V.18.)the minds of millions of his

      semblables ? | Malheureusement
fellow-creatures are (R. 8.) plunge | ? Unhappily

il n'y en a que trop qui   s'op-
(Q.14.)   but too many who(S.5.) are(R.8.)   op-

posent à toute-instruction : ils   n'aiment   pas
pose   to   all   —   : they (R.27,3o.)   like

     la lumière parce que leurs œuvres   sont
(P.10.) the light · because their works   are

mauvaises : mais, grâce au ciel, les rois. et les.
· evil   : but, thanks to heaven, kings   and

gouvernements   sont   détrompés : | ils
governments (Q. 5. P.) (R. 8.) undeceive : | they

voient bien | que c'est sur les lumières des
see clearly | that it is upon the intelligence of the

Anglais, on peut espérer contre les apparences: c'est pourquoi il
vaut mieux dire : *expect,* s'attendre.

peuples qu'il faut baser tout pouvoir
people that all legitimate power must be (R. pp.)

légitime ; et ils s'empressent de faire instruire jus-
found ; and they hasten to cause even

qu'au dernier de leurs sujets dans la
the (E. 1.) mean of their subjects to be (R. pp.)

raison et la morale. Nous commençons
instruct in reason and morality. We begin

à en voir les heureux effets : le pauvre
to see the happy effects (O. 2.) : the (D. 5.) poor

est non-seulement affranchi de l'esclavage , mais
is not only (R. 8.) free from slavery , but

il a la même liberté que le seigneur, et ses droits
he has the same liberty as the lord, and his rights

sont également protégés. La ligne qui
are equally (R. pp.) protect. The line which

séparait le riche du pauvre
(R. 17, 18.) separate (A. 4.) rich from (A. 4.) poor

n'existe plus ; et on
no longer (R. 9.) exist; and virtue is now (R. pp.)

respecte aujourd'hui la vertu , soit qu'elle se
respect (N. 7.) whether it be (S. 5.)

trouve | sous le chaume ou sous des lambris dorés | .
found || | in a cottage (W. 5.) a palace | .

CHAPITRE III.

SECTION PREMIÈRE.

La différence qu'on remarque | pour
The — which (N. 4.) remark | between

la fidélité entre la traduction | en prose de
the fidelity of the translation | in — of

l'essai de Pope sur la critique, par M. de Silhouet,
essay (H. 1.) — on criticism, by M. de Silhouet,

homme de génie, et | qu'on a vu
(B. 3.) man of genius, and | who has (R. PP.)

remplir | une des premières places du
fill | one of (F. 3.) first places in the

ministère, et celle de ce même ouvrage, donnée
ministry, and that of this same work, given ||

en vers par M. l'abbé Duresnel, est
in verse by (D. 8.) (A. 6.) abbé Duresnel, is

étonnante : il   semble | que ce ne soit pas |
surprising : it (R. 9.) appear | not to be |

le   même ouvrage. Autant | l'une a pour objet de
the same work.   As | the object of one is

faire sentir | toute la force   et tout le mérite
to   render | (D. 7.)   —   and (D. 9.) merit

du   texte, autant l'autre   tend à
of the text,   so   the other (R. 9.) tend to

l'accommoder   à   notre goût, et à le
accommodate (I. 2, 3.) to our taste , and to

tourner   beaucoup moins à notre instruction
turn (I. 2, 3.) much less to our   —

qu'à   notre amusement.   L'abbé Duresnel
(E. 11.) to our   —   . (A. 6.) abbé Duresnel

envoya   un exemplaire de sa traduction à Pope,
sent || a   copy   of his translation to Pope,

qui n'en fut pas satisfait,   et | ne
who was not (R. 8.) satisfy (O. 3.), and | did

jugea   point   à propos | de lui faire réponse;
not think (R. 27.) fit | to reply (I. 1, 2.);

| il croyait   avoir   été | défiguré.
| he thought || he had been | (R. 8.) disfigure.

Il est certain , pourtant, qu'il   y   a   des
It is   — , however, that (Q. 14.) (C. 2.)

vers   de   génie,   et   d'une   vérité
verses * of merit,   and   (V. 23.) striking truth

frappante   dans cette   traduction   en   vers   de
             in   this   translation   in   verse of

l'essai   sur la   critique. Le   mécontentement
the essay on   criticism. The discontentment

de   Pope   ne fut   pas   le   seul   chagrin
of   Pope   (Q. 7.)   the   only   chagrin

qu'eut à essuyer M. l'abbé Duresnel : | on lui fit
that abbé Duresnel had   to bear : | he was

beaucoup   d'autres   tracasseries,   qui
otherwise   (R. 1, PP.)   embroil   ,   which

l'ont   empêché | de   donner
has (R. 1, PP.) hinder him | from (R. 2 , 5.) give

une édition nouvelle   de   son ouvrage avec des
a   new   édition   of   his   work   with

corrections et des changements.
   ⟶   and alterations.

Si M. de Silhouete ne veut pas   qu'on
If M. de Silhouet (S. 20, N. 1.) to take

s'émancipe   en   traduisaut les poëtes,
too much latitude in (R. 2 , 5.) translate the poëts,

<hr>

* *Verse*, veut dire, en français, *strophe*; mais comme *line* signifie également *vers et ligne*; il n'est pas très-usité en parlant de
la poésie.

il n'est pas étonnant qu'il attaque le
it (Q. 7.) astonishing that he (R. 9.) attack the

traducteur des Voyages de Gulliver pour la
translator of travels (H. 1.) for the

licence qu'il avait prise d'y ôter
liberty that he (Q. pt.) taken || of (R. 2, 5.) leave

quelque chose. Celui-ci repousse les
something out. The latter (R. 11.) repulse the

traits lancés contre lui, et |
shafts (R. 8.) lance against him, and |

n'écoute que son
(R. 11.) give himself up to the government of

dépit : | on en voit la preuve dans ses
his anger : | (N. 3.) see the proof (O. 2.) in his

feuilles *. | En faisant l'opposition | de la traduc-
writings. | (R. 5.) oppose | the trans-

duction en prose à la traduction en vers, il
lation in — to the translation in verse, he

juge celle-ci supérieure à l'autre :
(R. 11.) judge the latter superior to the other :

---

* *Sheets*, est la traduction littérale de *feuilles*; mais *writings*,
écrits, vaut infiniment mieux dans cette phrase. On entend généralement par *sheets*, draps de lit, à moins qu'il ne soit suivi d'un
nom qui exprime la chose dont on parle; comme : *a sheet of paper*, une feuille de papier, etc.

il ne voit dans la première qu'une mauvaise
he only (R. 11.) see in (F. 6.) a bad

copie d'un très-bon original. Il en saisit
copy of a very good — . He (R. 11.) seize

l'occasion de faire valoir ses
the opportunity of (R. 2, 5.) urge his (J. 1.)

idées sur les libertés que | peut se
ideas on the (G. 2.) liberty (K. 3.) | may be

permettre | toute personne qui
taken || by | (N. 12.) person (K. 2.) (R. 11.)

traduit.
translate.

| Selon lui les beautés
| According to his opinion the (G. 2.) beauty

du goût de toutes les nations |
which are (R. PP.) suit to the taste of all nations |

doivent être conservées; mais | il ne
ought || to be (R. 8.) preserve ; but | he (R. 11.)

juge pas qu'il en soit de même de | cer-
conceive the case to be different with | cer-

taines beautés locales, que | des allusions à
tain local (G. 2.) beauty which , | on account of

des usages particuliers empêchent
allusions to particular customs, cannot (S. 14.)

d'être | senties partout, et rendent le plus
be | felt || every where, and frequently pro-

souvent des énigmes insipides : dans ce cas , il
duce (C. 1.) insipid enigmas : in this case , his

recommande qu' | on substitue des allusions plus in-
advice is, | to employ more ingenious

génieuses et plus sensibles , qu'on rem-
and sensible allusions , and even some-

place même quelquefois les idées outrées , les détails
times in place of extravagant ideas , details

trop étendus , les comparaisons for-
(D. 3.) too minute, and (R. 8.) force compari-

cées , par des choses plus justes
sons, to substitute (C. 1.) things more just (D. 3.)

et plus nobles, en avertissant toutefois le public
and noble , always (R. 5.) warn the publick

de ces changements. | Il estime
of those alterations. | He has but little esteem

peu | ces traducteurs qui, sous prétexte de
for | (L. 1.) translators who, under pretext of

conserver | à un original son air natu-
(R. 2, 5.) preserve | the natural air of an origi-

rel, | sacrifient la force, l'élégance et la clarté, à
nal , | sacrifice — , — and perspicuity to

une fidélité ridicule, « Substituer , » dit - il,
a ridiculous fidelity. « To substitute, » (R. 9.) say he

« des mots français à des mots d'une autre
« (C. 1.) french words for (C. 1.) words of another

langue, c'est faire comme les écoliers
language, is (R. 5.) do like (G. 2.) schoolboy

qui commencent à traduire. » D'ailleurs,
(K. 2.) begin to translate. » Besides , (R. 9.)

ajoute-t-il, qu'est-ce qui empêche qu'on
add he, what (R. 9.) hinder us from (R. 2, 5.)

soit à la fois élégant et fidèle?
be at once — and faithful?

Le traducteur en prose, ennemi
The translator in prose, (B. 3.) declared

déclaré de toute traduction libre, soute-
enemy* to (N. 12.) free translation, (R. 17.) main-

nait que la crainte de n'être pas assez exact et litté-
tain that the fear of (R. 2. Q. 7.) — and lite-

ral, devait faire sacrifier les mots aux
ral enough, ought || to cause the words to be

choses. Rien de plus
(R. 8.) sacrifice to the things. Nothing (V. 1.) more

vrai que ces principes, répondait
true than (L. 2.) principles, (R. 17, 19.) reply

l'abbé Desfontaines, mais qu'ils sont dange-
abbé Desfontaines , but (U. 6.) dangerous they

reux dans les conséquences! Celui qui se borne
are in their consequences! He who (R. 9) con-

*Enemy, gouverne toujours la préposition to, à.

à   être   purement   littéral | en   abuse
tent himself with being purely literal | generally

       le plus   souvent; | en sorte, qu'au   lieu
(R. 9.) pervert the design ; | so   that , instead

de   sacrifier les mots aux choses , il sacrifie
of (R. 2, 5.) sacrifice words to things , he really

       réellement les choses aux mots : la raison en est,
(R. 11.) sacrifice things to words : the reason is ,

qu'en   rendant les mots   et même
that (in (R. 3, 5.) render the words , and even

le sens   principal, on ne rend pas toujours les
the principal sense , the accessory ideas (N. 7.)

idées   accessoires, qui   forment tout
always (R. PP.) render, which (R. 9.) form (N. 15.)

l'art et et tout le mérite d'un ouvrage.
art and (N. 30.) merit of a work.

Les partisans des   traductions litté-
The   of (A. 3.) literal (D. 1, 2.) transla-

rales   citèrent le comte de Roscommon,
tions (R. 18.) cite the count of Roscommon,

qui, dans son poëme sur la manière de
(K. 2.), in his poem on the manner of (R. 2, 5.)

traduire,   reproche aux traducteurs fran-
translate, (R. 10.) reproach the french trans-

çais d'être   ennuyeux et froids ama-
lators with (R. 2.) be tiresome and cold ama-

teurs de périphrases. « Un trait, »
teurs of periphrasis. « One stroke of humor,»

dit-il, « une pensée que nous renfermons
(R. 9.) say he, « a thought (K. 1.) we express *

dans une ligne, suffirait à un Fran-
in one line, would be sufficient for a French-

çais pour briller dans des pages entières.» Les
man to shine in (C. 1.) entire pages. » (A. 3.)

circonlocutions et les périphrases sont des dé-
circumlocutions and periphrasis are (C. 1.) de-

fauts communs à tous les traducteurs.
fects, common (D. 3.) to (N. 13) translators.

Les partisans des traductions libres | ne
(A. 1, 3.) — of free translations | paid ||

tinrent aucun compte de cette autorité, | et y
no respect to this authority, | and

opposèrent celle de madame Da-
(R. 17, 18.) oppose (O. 16.) that of madam ** Da-

cier, qui caractérise ainsi une traduc-
cier, (K. 2.) (R. 11.) characterize thus a servile

tion servile et littérale : « Ce n'est là
and literal (D. 1, 2.) translation : « It is only

---

* *To express*, veut dire, littéralement, *exprimer.*

** Lorsqu'on parle des dames anglaises, *madame,* se rend par
mistress, qui s'écrit toujours par M**.

qu'une imitation basse, qui,   par une   fidélité
a   mean imitation, (K. 1.), by too scrupu-

trop   scrupuleuse,   devient très-
lous (B. 7, 8.) fidelity, (R. 11.) become very

infidèle :   pour conserver la lettre   elle
unfaithful : (R. 3.) preserve the letter, it (R. 9.)

ruine   l'esprit ;   ce qui   est l'ouvrage   d'un froid
ruin   the   spirit ; (K. 4.) is the work of a cold

et stérile génie.
and steril genius.

A force de   vouloir   être exact,
By dint of (R. 2, 5.) wish (S. 19.) to be —,

ajoutaient - ils, | on n'est que plat et sec, on se
(R. 17.) add they, | one is insipid, and the

fait un   style,   le plus souvent,
style (R. 11.) become, generally (R. 5.) speak,

confus ;   entortillé. | Tout traducteur, il
confused and perplexed. | (N. 12.) translator, it

est vrai, a, | pour ainsi   dire, | un maître,
is true, has, | to use the expression, | a master,

qui est son   auteur ; mais, ce   maî-
(K. 2.) is his (J. 1.) author ; but, this (L. 2.) mas-

tre ne doit pas   exercer sur lui un empire
ter ought || not to exercise over him (B. 2.)

absolu   et despotique,   ni le charger
absolute and despotick empire, nor charge

de chaînes comme un vil esclave. L'u-
(I. 1, 2.) with chains like (B. 1.) vile slave. The

nique devoir de celui-ci est de le suivre
sole duty of the latter is, to follow (I, 1, 2.)

toujours, mais, quelquefois, | d'un peu loin | :
continually, but, sometimes, | at a distance | :

c'est même par cette espèce de liberté qu'il lui
it is even by this kind of liberty that he (R. 10.)

fait honneur. En marchant scrupu-
do, honor (I. 1, 2.). By (R. 2, 5.) march scrupu-

leusement et immédiatement sur toutes ses traces,
lously and immediately in all his steps,

| il ne pourrait avoir qu'une| démarche forcée |
| he could (S. 15.) only hobble on awkwardly |

et sa basse servitude serait honteuse-
and his (J. 1.) mean (Q. 5. R. 25.) shame-

ment marquée par ses pas timides et par
fully (R. PP.) mark by his timid paces and (V. 23.)

la mauvaise grâce de tous ses mouvements. »
the ill grace of all his movements. »

SECTION II.

Le célèbre président Bouhier, ce savant d'un
The celebrious — — , that sage of a

esprit si juste et d'un goût si délicat,
mind so just (D.3.) and of so fine (B.8.) taste,

tient pour les vers. Il prétend que les traduc-
is for verses. He (R.9.) pretend that transla-

tions en prose sont moins faites pour le
tions in — are less (R. PP.) design for the

plaisir des lecteurs que pour l'intelligence
pleasure of readers (E.11.) for the —

du texte. Il ne pensa pas qu'avec cette
of the text. He (R. 27, 3o.) think that, with that

exactitude servile qu'elles exigent,
servile (D.1, 2.) exactness (K.1.) they require,

on peut rendre toutes les beautés, toutes
(N.1.) can render all the (G.2.) beauty, all

les grâces de la poésie : « au con-
(N.3o.) the — of (A.3.) poetry : « on the con-

traire, » dit-il, « cette heureuse hardiesse, l'ame
trary, » (R.9.) say he, « that happy boldness, the

des bons vers, ne pourrait être que favora-
soul of good verses, could but * be —

* *Que*, lorsqu'il se trouve au milieu d'une phrase et qu'il dé-
pend de *ne*, se rend par *but*, si le sens est autrement que; il se
rend par *only* lorsqu'il veut dire *seulement* : comme, je ne parle
que de lui, ou seulement de lui, *I speak only of him* ; Il se rend
par *nothing but*, lorsqu'il a le sens de *rien que*; comme, je n'aime
que le fruit, ou rien que le fruit, *I like nothing but fruit*; il se

blé au traducteur : » et son opinion se
to (A. 3.) translator : » and his — is

trouve soutenue par l'exemple des Italiens
(R. PP.) support by the example of the Italians

et des Anglais qui ont très-heureusement
and the English, (K. 2.) have (R. 8.)

traduit en vers les ouvrages d'Homère, de Vir-
translate the works of Homer, (V. 23.) Vir-

gile, de Juvenal et d'Ovide.
gil, Juvenal and Ovid very well in verse.

A tous ces exemples frappans, les partisans des
To all (L. 1.) striking examples, the — of

traductions en prose opposaient le mauvais
translations in — (R. 18.) oppose the ill

succès des mêmes ouvrages, traduits en
success of the same works, (R. 8.) translate in

vers français. Ils mettaient tous ces
french verse. They (R. 18.) place all (L. 1.)

copistes versificateurs dans la dernière classe des écri-
versifying transcribers in the last class of wri-

vains ; ils les jugaient les plus cruels
ters ; they thought || (I. 1. 2.) the most cruel

rend par : *nobody but*, lorsqu'il veut dire, personne que :
comme, je n'aime que vous, ou personne que vous, *I love no-*
body but you.

fléaux   de la vérité et   des   beautés
scourges of   truth   and   original (D. 1, 2.)

originales :   ils   leur   préféraient,   sans
(G. 2.) beauty : they (R. 7, 17.) prefer, without

hésiter, | l'ignorance et la platitude de Ma-
hesitation, | the   —   and   dulness   of Ma-

role,   les   écarts d'imagination de   Catrou,
role, the wanderings of Catrou's imagination,

les   bévues   de Saint-Remi, la   mauvaise grâce
the oversights of saint Remi, the   ill   grace

de Dacier,   l'incorrection   et   le
de Dacier, the incorrectness and (A. 7.) empty

verbiage   de l'abbé Bannier. Traduction pour tra-
verbosity of abbé Bannier. Translation for trans-

duction, | ils en aimaient encore
lation, | they were much better (R. 8.) please

mieux | une mal   rendue en prose qu'une
with | one ill (R. pp.) render in prose than with

autre   mal   rendue en vers.
another ill (R. pp.) render in verse.

Le traducteur en vers   du   poëme de Pétrone
The translator in verse of the poem of Petrone

sur la guerre civile, de la veille des Fêtes de
on the civil war, of the eve of the Feast of

Vénus, du   quatrième livre de l'Énéide,   n'a-
Venus, of the fourth book of the Æneid, had

vait encore _ _ exposé ses idées, en général :
not yet (R. 8.) declare his ideas but in a general

bientôt il les développa _ _ _
way he soon (U. 1.) (R. 17.) develop them (I. 2, 3.)

dans une préface à la tête de ce même quatrième
in a — at the head of this same fourth

livre.
book

L'abbé Desfontaines se proposait † alors
Abbé Desfontaines was then (R. 5. 22.) con-

de donner une traduction complète des
template to give a complete translation of the

œuvres de Virgile. Ainsi | il avait à craindre de
works of Virgil. Thus, | he had reason to fear

voir | son travail de plusieurs années perdu,
that he might see | his labor of several years lost,

si les idées du président Bouhier pré-
if the ideas of the — Bouhier (R. 17.) pre-

valaient. Aussi ne manqua-t-il pas de protester haute-
vail. Nor did he fail to protest loudly,

ment, dans une de ses feuilles,
in one of his writings (V. la note p. 35.)

contre tout ce que celui-ci avait dit dans sa préface.
against all (K. 5.) the latter had said || in his preface.

Cette protestation fut faite à l'occasion du
This — was made || on the — of the

compte   qu'il   rendit de   la
account (K. 1.) he (R. 17.) render of (H. 1.) the

traduction nouvelle de Pétrone.
new   translation of Petrone.

Le   père Sanadon   est d'avis   qu'on
(A. 6.) Father Sanadon is of opinion that the

peut traduire   très-heureusement les poëtes en
poets may be (N. 7. R. 8.) translate very well in

prose. Il   s'explique clairement sur cela
— He (R. 9.) explain himself clearly on that

dans la préface de sa traduction des   œuvres
in the — of his translation of (A. 3.) works

d'Horace   L'abbé Desfontaines
of Horace. Abbé Desfontaines (R. 20, 27, 30)

n'oublia pas de faire valoir ce sentiment. Il
forget to lay great stress apon this   —   . He

cita le morceau où cet auteur
(R. 18.) cite the passage where that author (R. 9.)

dit : « une traduction en vers ne peut manquer
say : « a translation in verse cannot (S. 14.) fail

de sacrifier souvent l'essentiel à l'accessoire,
to sacrifice often the essential to the accessory,

et d'altérer les pensées et les expressions
and to alter the thoughts and (A. 7.) —

de l'auteur pour conserver les grâces de
of the author to preserve the graces of (A. 3.)

la versification. » Mais , | d'un autre côté | le
— . » But , | on the other hand | the

président Bouhier pouvait | mettre en avant | le père
— Bouhier might | adduce | father

Tarteron, qui , après avoir donné la
Tarteron , (K. 2.), after (R. 2.) have given || the

traduction des Satires, des Épîtres
translation of (A. 3.) — , (V. 23, A. 7.) Epistles

et de l'Art Poétique d'Horace, avait été
and (A. 3.) Poetick Art of Horace , had been

vingt ans sans oser
twenty years without (R. 2, 5.) dare (R. 4.)

entreprendre celle des Odes, dans la persuasion
undertake that of (A. 3.) Odes , in the —

qu'elles ne pouvaient
that they (S. 13, 15 ; R. 21, 27.) (R. 4.)

être bien rendues qu'en vers.
be well (R. pp.) render but in verse.

M. d'Alembert, dans ses observations sur l'art de
Mr. — , in his — on the — of

traduire, condamne aussi les tra-
(R. 2, 5.) translate , (R. 9.) condemn thus trans-

ductions en prose. Il dit qu'un poëte grec ou
lations in — . He (R. 9.) say that a greek or

latin , dépouillé de son principal charme,
latin poet, (R. 7.) strip of his — charm ,

la mesure et l'harmonie, n'est plus ⸗] recon⸗
measure and harmony, is no longer | to be

naissable ; | que les habillements à la moderne,
known || ; | that the modern dress , (K. 1.)

qu'on peut lui donner, peuvent être tous très-beaux,
may be given || him, may be all very fine,

mais que ce ne sera jamais les siens; qu'on
but that it will never be his (J. 5.) own ; that

l'imitera, mais qu'on ne le
he (N. 7. R. 8.) imitate, but never (R. PP.)

rendra jamais au naturel; que la poésie
render naturally ; that the french

française; avec ses rimes, ses hémistiches
poetry, with (J. 7.) rhymes, (J. 11.) hemisticks

toujours semblables, l'uniformité de sa marche,
always alike, the uniformity of (J. 7.) march,

et sa monotonie, ne peut représenter
and (J. 11.) monotony, (S. 14.) (R. 4.) represent

la cadence variée de la poésie des an⸗
the (R. 8.) vary cadence of the poetry of the an⸗

ciens; qu'enfin, il faut apprendre
cients ; that, in short, (S. 8. R. 4.) learn their

leur langue, lorsqu'on veut connaître leurs poëtes.
language, when we wish to know their poets.

Le combat instructif contre l'abbé Desfon⸗
The instructive combat between abbé Desfon⸗

taines   et le président Bouhier | n'amena   pas
taines and the   —   Bouhier | threw || no farther

d'autres éclaircissements. | La mort   enleva ce
light on the subject. | Death (R. 17.) arrest the

dernier en mil sept cent quarante-six.
latter in one thousand six hundred and forty six.

M. de Voltaire,   en   le remplaçant   à
M. de Voltaire, in (R. 2. 5.) replace (I. 1, 2.) at

l'académie française,   et   faisant, dans son
the french academy, and (R. 5, 7.) extol, in his

discours de réception,   l'éloge   de son prédécesseur,
admission speech ,   his predecessor,

| rappella | sa dispute   sur
| made || some observations on | his — about

la   traduction   des   poëtes, et |
the   translation of the poets, and | (R. 17, 18.)

lui donna gain de cause. | Il   soutint
decide in his favor. | He (R. 17.) maintain

avec   le   célèbre   académicien,   que les poëtes
with the celebrious academician , that the poets

ne devaient être   traduits
ought || to be (R. 8.) translate (V. la note p. 43.)

que par des poëtes. Il   en   montra la   nécessité
only by poets. He (R. 17.) shew the necessity

en   même   temps qu'il en
(O. 1. 2.) at the same time that he (R. 17.)

découvrit les obstacles. | Ce qui fait | dit-il
discover the   —   . | The reason | (R. 9.) say he

que les grands poëtes de l'antiquité ont été
that the great poets of antiquity have been (R. 8.)

traduits   en   vers avec beaucoup de   succès
translate in verse with much (V. 1.) success

chez   nos   voisins,   et ridiculement   chez
among our neighbors, and ridiculously among

les Français,   c'est la différence du   génie
the French, (Q. 10.) is, the   —   in the genius

des   langues :   la nôtre ne peut   se   plier
of (A. 3.) languages : ours (S. 14.) (R. 4.) stoop†

à rendre   les   petites choses, à nommer, san
to render (A. 3.) trifling things, to name, without

causer du   dégoût, (tant nous sommes
(R. 2, 5.) cause (C. 1.) disgust, (so much are we

des sybarites dédaigneux et difficiles,)
(C. 1.) sibarites, disdainful and difficult to be

les instruments des   travaux
(R. 8.) please,) the   —   of (A. 3.) rustick

champêtres et des arts mécaniques :
labors and (V. 23.) mechanical (D. 1, 2.) arts :

| point de mots, | au contraire,
| there are no words, | on the contrary, (K. 1.)

qu'on ne puisse,   à   l'exemple   des
may not (S. 12, 15.), after the example of the

anciens,   rendre   avec une sorte
ancients, be (R. PP.) render (N. 7.) with a sort

de noblesse dans la langue du Dante, de
of grandeur in the language of — , of (V. 23.)

Lopes de Véga, et de Shakspeare.
—   , and of — .

Si M. de Voltaire a dit que les poëtes
If Mr. —   has said || that the poets

ne devraient être traduits que par
ought || (S. 21.) to be (R. 8.) translate * by (C. 1.)

des poëtes, il semble penser, comme
poets, he (R. 9.) seem to think, like **

M. d'Alembert, qu'une traduction ne fera
Mr. —   , that a translation will never

connaître jamais l'original. Parlant des
make known || the — . (R. 5.) Speak of the

poëtes anglais, il dit : « La poésie est une
english poets, he (R. 9.) say : « Poetry is a

espèce de musique qu'on doit connaître
kind of musick (K. 1.) one ought || (S. 21.) to know

---

* Voyez la note, p. 43.

** *Comme*, est quelquefois un adverbe de comparaison ; et, dans
ce cas, il se rend par *like*. Lorsqu'il est adverbe de temps, on le
rend par *while*. Employé comme conjonction, il s'exprime par
as. *Comme*, interjection, se rend par *how*.

avant de   pouvoir en   juger.
before (R. 13.) one can (S 13.) (R. 4.) judge (O. 2.).

Quand je vous donne   une traduction de quelques
When I give (I. 1, 2.) a translation of some

passages de ces poëtes étrangers, | je ne fais
— from those foreign poets, | I only *

que noter, | et cela imparfaitement, leur
prick down, | and that imperfectly, their

musique, | aussi ne puis-je | exprimer
musick; | but then I (S. 14.) | (R. 4.) express

le goût de leur harmonie. » Et plus loin,
the taste of their harmony. » And farther on,

il   dit : « Les mesures poétiques de
he (R. 9.) say : « The poetical numbers of (D. 8.

M. le doyen Swift, sont d'un goût singulier et presque
A. 6.) dean — , are of a singular and almost

inimitable; mais quiconque voudrait
inimitable (D. 1, 2.) taste; but whoever (S. 18.)

le comprendre   à fond,
comprehend (I. 1, 2.) thoroughly, (S. 21, 8.)

doit se rendre   dans l'île où il
(R. 4.) go † into (V. 18.) the island ** he was

naquit ».
born || ».

* Voyez la note, p. 43.
** Voyez la note, p. 22.

CHAPITRE IV.

SUR L'ORIGINE DES ROMANS.

Quelques savants ont voulu
Some learned persons (D. 5.) have (R. PP.)

faire valoir leurs idées sur
wish (S. 19.) to substantiate their ideas on the

l'époque exacte où ont paru les premiers
exact epock when * the first romances

romans. C'est une chose, certainement,
(R. 17.) appear **. It is a thing, certainly,

peu importante à savoir; mais, parmi le
but little important to know; but, among the

reste, le savant abbé Fleury a entre-
rest, the learned abbé — has under-

* Voyez la note, p. 22.
** Voyez la 1re. note, p. 17.

pris   de prouver qu'on   n'avait commencé
taken || to prove that (N. 4.) had begun ||

à les connaître   qu'au douzième   siècle.
to know (I. 2, 3.) * in the twelfth century.

D'autres remontent   jusqu'au   temps
Others go back (V. 22.) to (A. 3.) time of

d'Aristote.
Aristotle.

Quelques bonnes   que puissent être leurs
(N. 18.) good (D. 1.) their opinions may

opinions   à l'égard de la   date
(S. 12.) (R. 4.) be ** with respect to the precise

précise, si l'on entend seulement par roman :
(D. 1, 2.) date, if, by romances, only a collection

une collection de contes   merveil-
of marvellous tales be (R. 26.) understood ||

leux,   on n'a qu'à déterminer le temps où
(N. 7.), (N. 3.) have *** to determine the time ****

chaque peuple a commencé   à écrire; et
each people began || ***** to write; and

---

* Voyez la note, p. 8.

** Voyez la 1re. note, p. 17.

*** Voyez la note, p. 8.

**** Voyez la note, p. 22.

***** Lorsque le temps où une action ou une passion s'est passée
est défini, il faut employer le prétérit défini, en anglais.

voilà   la date de leur premier roman;   car,
that is the date of their first romance; for,

l'esprit, toujours   égaré,
the mind, always (R. 5.) wander *,   (R. 9.)

se plait avec le merveilleux; et il est plus que
delight † in the marvellous; and it is more than

probable qu'on   s'empressait   d'écrire
—   that (N. 4.) were eager tó write (K. 4.)

ce qu'on estimait le plus.
(N. 4.) (R. 17,) esteem the most (E. 8.).

Il y a eu   en   tout temps et en tout
There has been (Q. 14.) at all times and in all

lieu,   des fripons et des sots; et   l'artificieux
places, (C. 1.) rogues and fools; and (A. 3.) crafty

ne   pouvait | parvenir à ses fins |
(D. 5.) (S. 15, R. 27, 21.) | gain his ends |

plus facilement   qu'en   contant à
(E. 7.) easily (E. 11.) by (R. 2, 5.) relate to

l'imbécille,   l'incroyable,   l'impossible;   et
the idiot, the incredible, the — ; and

celui-ci préférait, sans doute, être
the latter would, without doubt, rather **

---

* *To wander* est un verbe neutre; ainsi on ne peut pas en former un verbe passif.

** *I would rather,* est une locution anglaise, qui veut dire, lit-

joué par quelque agent supérieur
(R. 4.) be (R. pp.) cheat by some superior agent

à s'avouer la dupe d'un mortel. Sans
than* (S. 1.) own the — of a mortal. Without

ces deux caractères, Apollon n'aurait
(L. 2.) two characters, Apollo (Q. 2, R. 25.)

jamais habité la terre, Orphée
(U. 1.) never (R. pp.) inhabit the earth, Orpheus

n'aurait pas si bien réussi avec sa
(Q. 2. R. 25.) (R. pp.) succeed so well with his

lyre, et, peut-être, Romulus et Remus
(J. 1.) —, and, perhaps, — and —

auraient pu trouver une nourrice un peu moins
(S. 12, 16.) found || a nurse a little less (E. 8.)

féroce qu'une louve.
ferocious (E. 11.) a wolf.

Mais si le roman est un ouvrage qui
But if the romance (R. 26.) a work (K. 1.)

téralement, en français : *Je voudrais plutôt.* Il est nécessaire
d'employer cette manière de parler pour éviter la répétition des
prépositions qui choquerait l'oreille et qui donnerait à la phrase
un air étranger.

* *Rather* est le comparatif de *rath*; ainsi la conjonction *than*
est d'une nécessité absolue dans la seconde partie de la phrase,
selon la règle générale. (Voyez E. 11.)

nous dévoile toute l'absurdité des
(R. 9.) discover (I. 1, 2.) all the absurdity of

habitudes et des coutumes les plus extra-
habits and (V. 23.) customs the (E. 7.) extra-

vagantes pour en détourner une nation
vagant (D. 3.) to divert a —

ou pour en garantir les gens
(O. 1, 2.) or to arm reasonable people against

sensés, Cervantes, l'inimitable
them (O. 1, 2, 16.), Cervantes, the —

Cervantes, en a, peut-être, produit le
— ; has, perhaps, (R. 8.) produce the

premier. Ceux qu'on avait produits
first. (L. 1.) (K. 1.) had been (R. 8.) produce

avant ce temps furent un
(N. 7.) before (L. 1.) time were a

assemblage monstrueux d'histoires, moitié
monstrous assemblage of (G. 2.) history, half

fausses, moitié véritables; mais toutes sans
false (D. 3.), half true; but all without

vraisemblance; un composé d'aventures
probability; a compound of gallant (D. 1, 2.)

galantes et de toutes les idées bizarres de
adventures and (V. 23.) all the wild ideas of

chevalerie. Les actions étaient multipliées à
chivalry. The — were (R. 8.) multiply to

l'infini sans ordre, sans raison,
infinity without order, without (V. 23.) reason,

sans art. On peut nommer les auteurs
without — . (N. 4.) may name the authors

de pareils ouvrages : romanciers, si l'on veut;
of such works : romancers, if (N. 4.) will;

mais si l'on publiait aujourd'hui un
but if a similar work were (R. PP.) publish at

ouvrage semblable, le prendrait-on
this time, (I. 3, R. 25, 28.) be taken ||

pour un roman? Tout livre doit être
for a romance? (N. 12.) book ought || to be

utile dans son genre. On ne
useful in (J. 7.) kind. (N. 3.) (R. 14, 27, 30.)

cherche pas de grandes vérités dans un roman;
look for great (D. 1.) truths in a romance;

mais on y cherche, et, on doit y trouver
but (N. 3.) seek, and, (N. 3.) ought || to find,

des fictions si frappantes qu'on ne
(C. 1.) — so striking (D. 3.) that (N. 1.)

puisse pas se méprendre en faisant
(S. 14.) (R. 4.) mistake † in making

l'application. Voilà le mérite de Don Quichotte
the — . (L. 7.) the merit of Don Quixotte

et de Télémaque, qui sont,
and, (V. 23.) Telemachus, (K. 1.) are,

| à ce que je pense |, les deux meilleurs
| according to my opinion |, the two best (E. 8.)

romans.
romances.

Des gens qui prétendent à plus de
(C. 2.) people (K. 2.) pretend to more (V. 1.)

savoir et plus de pénétration que les
knowledge and — (E. 11.) (A. 3.)

autres ne croient pas que les
(N. 29.) (R. 14, 27, 3o.) think that (A. 3.)

romans puissent s'allier + avec le bon
romances (S. 13.) (R. 4.) combine with good

sens, les bonnes mœurs, le bon goût ou
sense, (D. 1.) good morals, good taste or

le progrès des lumières; mais on a
the progess of knowledge; but (N. 4.) have

confondu les romans avec les contes des fées
confounded romances with fairy tales

auxquels on a trop souvent
to which (K. 9.) (N. 4.) have too often (E. 21.)

donné le titre de romans quoique rien ne
given || the title of romances though nothing *

puisse en différer davantage. Un
(S. 13.) (R. 4.) differ (O. 1, 2.) more. A

* Voyez la 1re. note, p. 7.

conte de fée est l'ouvrage d'un sot, et
fairy tale is the work of a fool, and

ne doit pas certainement se trouver
(S. 21, R. 14.) ought certainly (S. 5.) found ||

dans la bibliothèque d'un homme de lettres;
in the library of a man of letters;

tandis qu'un roman, pourvu qu'il soit
whilst a romance, provided it (R. 26.)

écrit par un homme de génie, est aussi
written || by a man of genius, is (E. 9.)

nécessaire et aussi utile que tout
necessary and (E. 22.) useful (E. 11.) any

autre livre. Le savant y trouvera,
other book. The learned (D. 5.) (R. 23.) find

sinon de l'instruction, du moins de
(O. 16.), if not (C. 1.) — , at least,

l'amusement; et il y a bien
— ; and (Q. 14.) (B. 9.) great many

des * gens qui, peut-être, n'auraient
(V. 1, A. 3.) people (K. 2.), perhaps, (Q. 2, R. 25.)

jamais fait cas de la probité | si ce
(U. 1.) (R. pp.) esteem honesty | had it

n'était pour la lecture | des
not been for (R. 2, 5.) read | (C. 1.)

---

* Voyez la 2ᵉ. note, p. 10.

romans. Je demande que peut-on mettre
romances. I ask (M. 2.) can be put ‖

de mieux entre les mains d'une jeune personne
into the hands of a young person

que Télémaque ?
better than Telemachus ?

Si Boileau a fait tout ce qu'il a pu
If Boileau has done ‖ all (K. 5.) he (S. 13,

pour les décrier, c'est qu'on ne
15.) (R. 3.) decry (I. 2, 3.) it is (W. 3.) nothing *

voyait en son temps que des productions
(N. 7.) Seen ‖ in his time but ** (C. 1.) —

de ce genre, sans génie et sans vrai-
of this kind, without genius and without pro-

semblance. Gomberville, la Calprenède, Desmarais,
bability. Gomberville, Calprenede, Desmarais,

et mademoiselle de Scuderi, étaient alors en vogue, et
and miss de Scuderi, were then in — , and

ils avaient le suffrage de presque toute la nation.
they had the suffrages of almost (N. 15.) — .

C'était le règne de la frivolité. Tous les gens
It was the reign of frivolity. (N. 13.) reasonable

---

* Voyez la 1re. note, p. 7.
** Voyez la 2e. note, p. 43.

sensés s'y opposèrent: quoi de plus
people were (R. 8) oppose † (O.16.) : (M. 4.) more

naturel? Boileau, homme d'un goût fin, et
natural ? Boileau, (B. 3.) man of a fine taste, and

d'un jugement correct, écrivit un
(V. 23, B. 12.) correct judgment, wrote, || a

dialogue, à la manière de Lucien, ce qui | fit
— , after the manner of Lucien, (K. 4.) | put

cesser | l'illusion : il se moque †, dans ce dialogue,
a stop to | the — : he ridicules, in this — ,

des bourgeois et des bourgeoises de la rue Saint-
the citizens and their wives * of Saint - Honoré

Honoré, peints sous le nom de Brutus, d'Hora-
street, painted under the name of Brutus, Hora-

tius Coclès, de Lucrèce, de Clélie. Il voulait
tius Cocles, (V. 23.) Lucrece, and Clelie.

qu'en punition de ce travestissement, on
As a punishment for this disguise, he would have

menât ces faquins de bourgeois au bord d'un
had those rascals of citizens led || to the side of a

fleuve, pour les y jeter tous la tête la
stream, (R. 3.) throw (I. 1, 2.) all in head fore-

---

* Il y a très-peu de noms en anglais dont on puisse former le
féminin, ce qui m'a obligé de tourner la phrase, en disant : *les
bourgeois et leurs femmes.*

première à   l'endroit le plus profond,   eux
most at (D. 1, 2. E. 1.) deep place   , them

et leurs billets doux, leurs   lettres galantes
and their billets-doux, their (J. 11.) gallant letters,

leurs   vers passionnés,   et leurs nombreux
their empassioned verses, and their numerous

volumes. Cependant, comme Despréaux avait une sorte
   —   . However, as Despreaux had a sort

d'estime pour mademoiselle de Scudéri, il ne voulut
of esteem for   miss   de Scuderi, he (S. 18.

pas   faire imprimer ce dialogue par respect
R. 21, 27.) (R. 4.) print this — out of —

pour elle ; il se   contenta de le
for (I. 1.); he (R. 17. S. 1.) content with (R. 2, 5.)

lire   dans quelques sociétés ; mais l'ouvrage fut,
read (I. 2, 3.) in a few societies; but the work was,

enfin, donné   au public,   et tous les roman-
at last, given || to the publick, and (N. 13.) roman-

ciers   se réunirent contre   l'auteur.
cers (R. 17, 18.) unite † against the author.

La Calprenède fut un   de   ceux   qui   se
   —   was one of (L. 1.) (K. 2.) (S. 1.)

crurent les plus offensés : il se
thought || the most offended : he (R. 17, 18. S. 1.)

piquait d'être   l'homme   qui
pique   upon (R. 2.) the man (K. 2.) (R. 17, 18.)

contait le mieux   toute sa réputation   dépendait
relate the best : all his   —   (R. 17.) depend

de Cléopâtre,   de Cassandre,   et de Phara-
on Cléopatre, (V. 23.) Cassandre,   and Phara-

mond : il ne voyait   qu'avec désespoir sa gloire at-
mond : he saw ‖ with despair his glory (R. pp.) at-

taquée. La vanité de cet   écrivain gascon était
tack. The vanity of (L. 2.) gascon writer was

extrême : il faisait aussi des vers :   apprenant
extreme : he made ‖ verses also : (K. 5.) learn

que les siens avaient été trouvés   lâches   par   le
that his   had been found ‖ base   by (A. 6.)

cardinal de Richelieu,   il   s'écria :
cardinal de Richelieu,   he (R. 17, 19.) cry out :

« Comment lâche ! Cadédis , il   n'y a   rien de
« How   base ! Zounds ,   (Q. 14.)   nothing

lâche dans   la maison   de la Calprenède. » Quel-
base in   the house   of la Calprenede. » (N. 18.)

qu'irrité   que fût ce romancier   contre
irritated   this   romancer (Q. 5. pt. s.) against

Boileau, aussi bien que tous ses confrères, | il
Boileau , as well as all his brethren , | his

n'eut qu'une colère | impuissante. Toute leur cabale,
anger   was | impotent. All their cabal,

comme les vagues qui se brisent +contre les rochers ,
like the waves (K. 1.) dash against the rocks ,

épuisa   bientôt leur   rage ;   et   ils furent
(U. 1.) (R. 17.) exhaust their rage ; and they were

            réduits   à   la   nécessité   de   bor-
(R. 8.) reduce to the necessity of (R. 2, 5.) con-

ner   leur   ressentiment à le   calomnier
fine their resentment to calumniating * (I. 1, 2.)

dans   toutes   les   sociétés dont   ils
  in   all   the   (G. 2.) society (K. 8.) they

étaient les   oracles.
were the oracles.

* Il faut observer que *calumniating* n'est pas régi par la préposition *to*. Le génie de la langue anglaise m'a obligé d'avoir recours
à une ellipse ; ainsi, *calumniating*, veut dire : l'action de calomnier.

CHAPITRE V.

RÉFLEXIONS SUR LES PRÉJUGÉS NATIONAUX.

Si l'on me demandait un compte de la nation
If I were (R. pp.) ask for an account of the english

anglaise, je répondrais : il serait bien
nation , I (R. 25.) answer : it (R. 25.) be very

difficile de vous le faire comprendre.
difficult to make you (R. 4.) understand (I. 2, 3.).

Pour connaître les mœurs, les habitudes, les cou-
(R. 3.) know the manners , (A. 7.) habits , cus-

tumes d'un peuple, il faut habiter son
toms of a people, (S. 8.) (R. 4.) inhahit their

pays, et non - seulement cela, mais il faut se
country , and not only that, but (S. 8.)

défaire † des préjugés. Lorsqu'un Fran-
(R. 4.) get rid of prejudices. When a French-

5.

çais se   rend †   à Londres   persuadé
man   (R. 10.) go   to London (R. 8.) persuade

qu'il n'y rencontrera que *   de   sombres
that he (T. 10. R. 23.) (O. 13.) (C. 1). melancholy

penseurs   avec lesquels,   par conséquent,
meditators with whom, (K. 11.) he, consequently,

il ne pourra pas se lier ╫ d'amitié, où
cannot   unite in friendship , or (R. pp.)

imbu   de   l'idée   qu'ils   n'ont
prepossess with the idea   that they have

à manger que du rôti,   et que le porter
nothing to eat but roast meat, and that porter

est une   boisson   malsaine;   s'il
is   (B. 2.) unwholesome (D. 1, 2.) drink; if he

se   déplaît avec les   tragédies
(S. 5. R. 26, 8.) displease with the (G. 2.) tragedy

parce que, par   hasard,   il   voit une demi-
because, by chance, he (R. 11.) see   half

douzaine de morts   sur la   scène à la fois;
(B. 7.) dozen   dead   on the stage at once;

s'il trouve que la pratique   brutale
if he think ** that the brutal (D. 1, 2.) practice

---

* Voyez la note, p. 43.
** *Think*, veut dire, littéralement, *penser*.

de se   venger à   coups de poings est
of (R. 2, 5. S. 1.) revenge with   blows   is

la preuve   d'un goût vicieux ;   enfin,   s'il
the proof   of a vicious taste ; in a word, if he

est entiché   de   Paris et des
(R. 26.) (R. pp.) énamour   with   Paris   et

moeurs parisiennes ,   son   esprit est
(V. 23. A. 3.) parisian manners ,   his   mind   is

malade , et il   reviendra   dégoûté
diseased , and he (R. 23.) return (R. pp.) disgust

de   tout : mais s'il y va   avec la
with (N. 11.) : but if he go (R. 26.) (O. 13.) with

connaissance   du   langage   et   le désir   de
knowledge of the language and the desire of

s'informer, peut-être ,   s'apercevra-
(R. 2, 5.) (S. 1.) inform, perhaps,   he (R. 23.)

t-il †   que, dans chaque pays, il y a quelque
discover that, in each country, (Q. 14.) some-

chose à louer   et quelque chose à blâmer. Il est
thing to praise and something to blame. It is

possible que, dans l'hôtel   où   il
— that, in the hotel where he (R. 23.)

restera, on le   trompera   de quelques
stop, (N. 2.) (R. 23.) cheat (I. 1, 2.) of a few

sous : le même inconvénient existe par-
pence* : the same inconvenience (R.9.) exist every

tout ; mais, qu'il ne se fâche † pas pour
where ; but , (R. 27, IM. m.) be angry for

cela : quand il quittera ces gens - là, il
that : when he (R.13,9.) quit (L. 3.) people , il

trouvera que les Anglais peuvent se vanter †
(R. 23.) find that the English (S.13.) boast

d'avoir de la probité. Sa plus grande sur-
of having (C. 1.) probity. His (E. 1.) great —

prise sera de trouver si peu de poli-
— will be (R.3.) find so little (V.1.) poli-

tesse ; mais les Anglais, pour la plupart,
teness ; but the English, for the greatest part,

rejettent la politesse comme étant indigne
reject politeness as being unworthy

d'un honnête homme. Quels rustres ! s'é-
of (B. 2.) honest man. What rusticks ! the

criera † le Français, en passant
Frenchman (R. 23.) cry (R. 5.) pass

---

* Les Français se trompent presque toujours dans l'emploi du
mot *pence*. C'est le pluriel du mot *penny;* ainsi on ne doit jamais
y ajouter un *s*. Observez : *a penny*, est deux sous ; et *a half-
penny;* est un sou.

dans les principales rues de Londres, et
 the principal streets of London, and (R.5.)

voyant que des hommes se rencontrent,
 see that (C.1.) gentlemen (S.6.) meet ,

| se serrent la main , | et s'en vont sans ôter
| shake hands , | and go away without

leur chapeau. Il entrera
(R.2,5.) take off their hats. He (R.23.) enter

dans un café , le chapeau à la
(T.11.) a coffee-house , his hat in his (J.9.)

main, et il y trouvera des gens très-
hand , and he (R.23.) find (O.13.) very respec-

respectables assis pour la plupart
table people , (R. pp.) seat for the greatest part

leur chapeau sur la tête , occupés, le
with their hats on (V.20.), (R.8.) occupy, in the

matin, à boire - du café ou du thé, et
morning, with (R.2,5.) drink coffee or tea, and

à lire les journaux; vers les
(R.2,5.) read the newspapers ; about (V.7.)

cinq heures, il les verra prendre
five o' clock, he (R.23.) see (I.1, 2.) (T.12. R.5.)

du vin ou un verre de punch ; mais per-
take their wine or a glass of punch ; but no-

sonne ne répondra à ses politesses. Assis
body*(R. 23.) answer to his politeness.(R. PP.)Seat

à une table, le garçon viendra de suite
at a — , the waiter will come immediately

lui demander ce qu'il désire. Quelle
(T.7.) ask him (K.4.) he (R.11.) desire. What

impertinence! mais c'est la coutume, et il manque-
— ! but it is the custom, and he would

rait à son devoir s'il faisait autrement.
fail in his duty if he did || otherwise.

La position géographique d'un pays, son
The geographical position of a country, (J.7.)

sol, la forme de son gouvernement, sa
soil, the form of (J.7.) government, (J.7.)

religion, son langage, influent beaucoup
— , (J.11.) language, influence the cus-

sur les coutumes d'un peuple; et c'est pour-
toms of a people very much; and it is for

quoi il y a tant de différence entre
this reason there is so much (V.1.) — between

toutes les nations du monde.
(N.13. A.1,3.) — of the world.

* *Nobody,* est un substantif qui renferme une négation, et *ne*
ne se rend pas, parce que deux négations, en anglais, se détruisent.

Il est certain qu'un peuple qui a peu
It is that a people (K. 2.) have little

de politesse est peu liant,
(E. 8.) (V. 1.) politeness (T. 5.) are little sociable,

et qu'un étranger qui n'entend
and that a foreigner (K. 2.) (R. 9.) understand

qu'imparfaitement son langage, et
their (J. 1.) language but imperfectly, and

qui est tout à fait ignorant de ses habitudes
(K. 2.) is quite ignorant of (J. 1.) habits

y fera difficilement des connaissances;
(R. 23.) make acquaintance with difficulty;

cependant, sans entrer dans le
however, without (R. 2, 5.) enter into the

sein des familles, on
bosom of (A. 3.) (G. 2.) family, (N. 4.) (R. 23.)

jugera d'une nation comme on jugerait
judge of a as (N. 4.) (R. 25.) judge

d'un bâtiment en ne voyant que* l'exté-
of a building in (R. 2, 5.) see the exte-

rieur. Je conviens que la gravité du caractère
rior. I agree that the gravity of the english

anglais et la gaîté des Français tendent
character and the gayety of the French tend

* Voyez la note, p. 43.

à faire naître des idées défavorables. Le   Fran-
to give birth to unfavorable ideas. The French-

çais,   qui   est sociable jusqu'à la familiarité,
man   (K. 1.) is   —   (N. 22.) familiarity,

et   qui   forme des liaisons   d'amitié
and (K. 2.) (R. 9.) form   bonds of friendship

presque aussi naturellement que deux globules
almost (E. 9.) naturally (E. 11.) two   —

de   vif-argent s'unissent†,   ne peut que *
of quicksilver unite   ,   (S. 14.)   (R. 4.)

désapprouver la froideur d'un   Anglais; mais
disapprove the coolness of an Englishman; but

qu'il   y   réfléchisse : n'est-t-il pas possible   que
(R. IM. M.)   reflect : (Q. 7, I. 3.)   —   that

les sentiments d'un peuple soient aussi
the   —   of one people (Q. 5, P. s.) (E. 9.)

justes que   ceux d'un autre? Et pourquoi non?
just (E. 11.) those of another? and   why   not?

Qui   décidera quand | tous les peuples
(M. 1.) (R. 23.) decide when | all the nations

du   monde | se disputent † la   préférence ?
of the earth | dispute the   —   ?

D'ailleurs comment peut-on   songer
Besides   how   can (N. 4.) (R. 4.) think

qu'une nation se   pliera
that a   —   (T. 5.) (I. 1, R. 23.) accomodate

* Voyez la note, p. 43.

aux opinions, aux coutumes; aux désirs
to the — , (V. 23, A. 7.) customs, and desires

d'un individu? Non, c'est le voyageur
of an individual? (U. 4.), it is the traveller

qui doit s'accommoder de tous les
(K. 2.) ought || (S. 1.) to accommodate to all the

usages des différents peuples. Partout on
customs of different people. (N. 3.)

trouve des désagréments; mais la cause
(T. 10.) vexations every where; but the cause

en est plutôt dans la personne que dans
(O. 2, 3.) is rather in the person than in

les choses. Pour moi, je ne vois pas d'autre
things. As for me, I see no (U. 2.) other

distinction entre les hommes que ce qui fait
— between men than (K. 4.)

le vice et la vertu. Que | m'importe |
vice and virtue make. (M. 2.) | is it to me |

si l'homme vertueux naquit au sud
whether the virtuous man was born in the south

ou au nord? | que m'importent | les
or the north? | what have I to do with | the

opinions qu'il a sur des sujets abstraits et
— that he may have on (C. 1.) abstract and

métaphysiques?
metaphysical (D. 1, 2.) subjects?

Si   l'on   se règle   d'après   ces
If (N. 3.) regulate our conduct upon (L. 1.)

grands principes   d'humanité,   considérant
great principles of humanity (R. 5.) consider

tous les hommes comme   frères, envisageant le
(N. 13.)   men   as   brethren,

vice et la vertu comme | tenant à l'espèce | ,   et
—   and virtue   as | modes of being | , and

toutes   autres choses comme   des   incidents,
(N. 12.) thing else   as   (C. 12.) accidents,

on   sera assez impartial   pour   juger,
(N. 3.) (R. 23.) be   —   enough to judge,

et   on   aura   franchi   la plus
and (N. 3.) (R. 23.) have (R. pp.) conquer the (E. 1.)

grande difficulté qui   s'oppose †
great difficulty which (R. 11.) oppose the (E. 7.)

à l'instruction la plus essentielle;   c'est-à-dire,   la
essential (D. 2.) instruction; that is to say, the

connaissance des   hommes;   on   saura
knowledge of (A. 3.)   men;   (N. 3.) (R. 23.)

             distinguer l'homme sous le
know (T. 13.) to distinguish the man under the

double rapport du   caractère privé   et
double relation of his publick and private

public,   on   verra la différence   qui
character, we (R. 23.) see the   —   (K. 1.)

existe entre la société et les individus,
(R. 9.) exist between society and individuals,

et on formera un jugement correct
and we (R. 23.) form a correct judgment

des mérites et des défauts de la
of the merits and (V. 23, A. 7.) demerits of the

masse d'une nation aussi bien que de ceux
mass of a (E. 9.) well (E. 11.) of those

de chaque individu en particulier.
of each private individual.

Des hommes qui | aiment mieux semer la
(C. 1.) Men (K. 2.) | would rather sow the seeds

discorde | que d'être en paix, ont répandu des
of discord | than be in peace, have spread || on

deux côtés du Pas-de-Calais | des contes
the two sides of the Straits of Dover* | idle

faits à plaisir | pour diviser ceux que que la sagesse
tales | (R. 3.) divide those that the wisdom

des gouvernements ont unis; et leurs efforts ma-
of the governments have united; and their ma-

lins n'ont que trop bien
lignant efforts (D. 2.) have only (R. 1. PP.) succeed

* Littéralement : *Détroits de Douvre*, nom que les Anglais ont
donné au Pas-de-Calais.

réussi,　　　parce qu'ils cherchent à flatter les passions
too well, because they seek to flatter the　—

aux　dépens　de　l'entendement.　　On est
at the expense of the understanding. (N.4.) are

toujours　　'porté à croire　ce qui est écrit,
always (R.8.) incline to believe (K.4.) is written ||

surtout　　s'il　　émane de la plume d'un
particularly if it (R.11.) emanate from the pen of a

homme de mérite et　　de grand savoir; mais,
man of merit and (V.23.) great knowledge; but,

cela |　　étant,　　| on doit
that | (R. pp.) etablish as a rule, | (N.3.) ought ||

croire　à l'opinion du docteur Johnson sur ce qui
to believe in the — of doctor — on (K.4.)

concerne l'Écosse. Bientôt après son arrivée
(R.9.) concern Scotland. Soon after his arrival

dans cette partie du royaume, il perdit son
in (L.1.) part of the kingdom, he lost || his (J.1.)

bâton　qui était de chêne, ce qui
walking-stick (K.1.) was of oak, (K.4.) (R.17)

semblait | le mettre en grande peine | . Son
seem | to give him great uneasiness | . His

ami　voulait　le　consoler
friend (R.17.) wish (S.19.) to console (J.1,2.)

en disant que celui qui
by (R.2, 5.) say that the person (L.4.) (K.2.)

l'avait trouvé   le   lui   rendrait.
had found || (I. 2, 3.) (R. 25.) return (I. 1, 2, 3.).

« Quoi ! »   répondit le docteur,   «   pensez-
« What ! » (R. 19.) reply the doctor, « (R. 14, 28.)

vous   que l'homme qui a trouvé un morceau de
think that the man who has found || a piece of

bois, si précieux dans ce   pays-ci,
wood, so precious in (L. 2, 3.) country, (R. 23.)

rendra un tel   trésor ? Comme il
return such (B. 7.) treasure ? As he (R. 5, 22.)

entrait dans Édimbourg,   on lui dit :
enter (T. 11.) Edinburgh, (N. 2.) said || (I. 1, 2.):

enfin, docteur, nous y sommes. « Oui, »
at last, doctor, here we are. « Yes, » (R. 17.)

répondit-il, « je le sens. »
rejoin he, « I smell (I. 3.). »

CHAPITRE VI.

LE CÉLÈBRE CORNEILLE SCRIBLERUS S'OCCUPE DE L'ALLAITEMENT
DE SON ENFANT.

Aussitôt que Corneille fut éveillé, s'appuyant
As soon as Cornelius was awake, (R. 5.) rest

sur son coude et fixaut ses | regards | sur
on his elbow and (R. 5.) fix his | eyes | on

madame Scriblerus, il | lui parla en
mistress Scriblerus, he | (R. pp.) address her to

ces termes : | Homère dit avec raison que dans les
this effect : | Homer said || wisely that in the

caves de Jupiter | il existe | deux tonneaux,
cellars of Jupiter | there are | two barrels,

l'un contenant le bien et l'autre le mal,
one (R. 5.) contain good and the other evil,

qu'il n'en distribue jamais séparément
that he never (U. 1.) (R. 11.) distribute the contents

le contenu   aux mortels,   mais qu'il
of them (O. 2.) separately to mortals, but

    le   mélange toujours. Ainsi le ciel,   en
always (R. 10.) mix   them. Thus heaven, in

me   favorisant   par la naissance d'un fils,
(R. 2, 5.) favor (I. 1.) with the birth of a son,

| a permis que j'éprouvasse la peine de voir qu'on
| has (R. PP.) afflict me with the sight of my

a enlevé la rouille qui couvrait mon antique bouclier | :
antique buckler (R. PP.) despoil of its rust | :

ne   murmurons donc pas contre ses dispensations;
(R. 27, im. m.) murmur then against his (J. 1.) — ;

il   nous donne et il nous   ôte   à son
he (R. 11.) give * and he (R. 11.) take away at his

gré :   unissons notre prière pour que ce
pleasure : (R. im. m.) unite in prayer that (L. 1.)

précieux vernis | antique   qu'il lui a   plu
precious varnish | of antiquity which he has been

     qu'on enlevât à mon armure soit
(R. 8.) please to take from my shield may be (R. 8.)

reporté sur mon fils; et que ce que je me   pro-
add to my son; and that so much of it as I pur-

pose de lui en faire acquérir par   l'étude ne lui
pose he shall acquire in his education may

---

soit jamais   enlevé par le   poli mo-
never be (R. 8.) destroy by any modern po-

derne | .
lishing | .

Ne   pouvant plus   souffrir la vue de son
Not being able (Q. 7.) to bear the sight of his

bouclier,   il   ordonna qu'il fût
shield any longer, he (R. pt. 17.) order it to be*

éloigné à jamais de ses   yeux. Peu
(R. 8.) remove for ever from his (J. 1.) eyes. A

de temps après,   il fut   acheté
short time after, (I. 3.) was (Q. 5, pt.) bought ||

par le docteur Woodward, qui, à l'aide
by (A. 6.) doctor Woodward, (K. 2.), by the help

de monsieur Kemp,   le   recouvrit
of Mr. Kemp, (R. pt. 17.) cover (I. 2, 3.)

d'une nouvelle rouillé : c'est le même dont
with a new rust : it is the same whereof

| on a fait   une gravure, | et que l'on a
| a cut has been (R.8.) engrave, | and which (N.7.)

expósé | aux regards satisfaits | des
(R. 8.) expose | to the great satisfaction | of the

savants.
learned (A. 4.)

* *He ordered it to be,* est, littéralement : *il l'ordonna d'être.*

Corneille   s'occupa
Cornélius soon (U. 1.) (R. 19. S. 1.) occupy

bientôt de l'allaitement de son enfant. Il passait
with the suckling of his child. He seldom (U. 1)

rarement un jour sans se   querelier
(R. 17.) pass a day without (R. 2, 5.) quarrel †

avec la   mère ou la   nourrice touchant
with (A. 3.) mother or (A. 7.) nurse concerning

la nature des   aliments que celle-ci
(A. 3.) nature of (A. 3.) aliment that the latter

devait   prendre. La pauvre femme ne
was (Q. 8.) to take. The poor woman never (U. 1.)

dînait jamais | sans qu'il   ne lui défendît soit un
(R. 18.) dine | but he (R. 17, 19.) deny her some

plat soit un autre, | qu'il croyait nuisible
dish or other, | (K. 1.) he thought || prejudicial

à son   lait. Un jour elle   desirait beau-
to her (J. 1.) milk. One day she (R. 17.) wish very

coup un morceau de bœuf, et | que déjà elle y
much for a piece of beef, and | when she had

portait.   la   main, |
already (R. PP.) stretch out her hand towards it, |

le vieillard la retint,   et   lui parla
the old man held || it back, and (R. 17.) address her

ainsi. « Si tu avais lu les an-
(I. 1.) thus. « If (I. 1.) (Q. 1. PT.) read || the an-

6.

ciens, ô femme, tu   préférerais le bien-
cients, o woman, (I. 1.) (R. c, 25.) prefer the well-

être   de   l'enfant que   tu   nourris
being   of (A. 3.) child that (I. 1.) (R. 9.) nourish

au   plaisir   de   satisfaire un   appétit
to the pleasure of (R. 2, 5.) satisfy an irregular

désordonné   et   vorace.   Du bœuf,
and voracious (D. 2.) appetite. (C. 1.) Beef, (Q. 9.)

c'est vrai, peut   donner de la force   à mon
true , may (R. 4.) give (C. 1.) strength to my

fils, mais il   surchargera et engourdira
son , but (I. 3.) (R. F. 23.) clog and hebetate

ses   facultés   intel-
(T. 8.) his (J. 1.) intellectual (D. 1, 2.) (G. 2.) fa-

lectuelles. » Pendant qu'il   parlait, la
culty. »   While   he (R. 22, 5.) speak, the

nourrice   le regardait   avec beaucoup
nurse (R. 17.) look at (I. 1, 2.) with much

de dépit ; et, de temps en temps, | elle
(E. 8. V. 1.) anger ; and, now and then, | she

lorgnait   le bœuf. | « La colère
cast || a wishful look upon the beef. | « Passion

(poursuivit le docteur, tenant   encore le
(R. 18.) contine the doctor, still (R. 5.) hold the

plat)   jette   l'esprit   dans une fermen-
dish) (R. 9.) throw the mind into too violent

tation trop violente ; c'est une espèce de
(D. 1, 2.) (B. 8.) fermentation ; (Q. 9.) a kind of

fièvre de l'âme, ou, comme le dit Horace,
fever of the soul, or, as Horace

une courte folie. Songez, femme,
(R. 9.) say, a short madness. Consider, woman,

que l'allaitement de cette journée | peut être cause
that this day's suction (H. 7.) | may cause

que mon fils reçoive | l'impression de plusieurs
my son to receive | the — of several

passions violentes, et, pour ainsi dire,
violent (D. 1, 2.) passions, and, in a manner,

détruire la disposition convenable à un philosophe.
destroy the — (R. pp.) suit to a philosopher.

Romulus, | pour avoir sucé | une louve, fut
— , | by (R. 2, 5.) suck, | a wolf, was

d'un caractère féroce et sauvage :
of a ferocious and savage (D. 1, 2.) character :

et si j'avais à élever quelque empereur de l'Orient,
and if I had to bring up some eastern * emperor,

ou fondateur d'une république militaire, peut-être
or founder of a military republick, perhaps,

serais-je indulgent pour ton appétit
I should be — to thy voracious (D. 1, 2.)

* *Eastern*, veut dire : *oriental.*

vorace. » Quoi !   interrompit la nourrice,
appetite. » What ! (R.17.) interrupt the nurse,

du bœuf peut-il nuire à l'entendement ?   C'est
can (S.13.) beef hurt the understanding ? That

fort bon vraiment —comment donc notre curé
is very fine indeed— how then (R,14,15,28.)

        prêche-t-il si bien ? lui qui   mange
our parson preach so well ? he who (R.9.) eat

    du bœuf et du pudding aussi. Ne me parlez pas
(C.1.) beef and pudding too. Don't * talk to me

    des   anciens. Le pauvre enfant, | n'avez vous pas
of the anciens. (R.15, 20,3o.) | did you not

failli le | tuer   avec votre noir bouil-
almost | kill the poor child with your black de-

lon   démoniaque?—« Noir bouillon lacédémo-
moniack (D.1,2.) broth?- —« Lacedæmonian black

nien, veux-tu dire; (reprit Corneille)
broth, thou wouldst say ; (R.19.)(reply Cornelius)

mais je ne veux pas   croire que cette nourriture |
but I will not (R.4.) believe that that   diet |

ait pu être   la cause   de | son indigestion
can (S.13.) have (R.8.) cause | his   —

* *Don't* est l'abrégé de *do not*. On s'en sert très-souvent chez
les Anglais.

puisqu'elle   fut autrefois   recommandée
since (I.3.) was formerly (R. pp.) recommend

par le divin Lycurgue. Non, nourrice,   il faut
by the divine Lycurgus. (U.4.), nurse, (S.8.) must

que tu aies mangé quelques mets | difficiles à digé-
have eaten || some meats | of ill diges-

rer | le jour auparavant, et   c'est là la cause
tion | the day before, and (L.1.) is the real

          réelle de son indisposition. Réfléchis, femme,
(D.1,2.) cause of his   —   . Reflect, woman,

sur les différents   tempéraments des différents
on the different (D.1.2.)   —   of different

peuples. Qui   est-ce qui rend les   Anglais
people. What is it (R.9.) render (A.4.) English

phlegmatiques et mélancoliques si   ce n'est   le
phlegmatick and melancholy if   it (R.26.) not

bœuf? qui   rend les Gallois si passionnés
beef? what (R.9.) make (A.4.) Welsh (E.14.) hot

et   si   bilieux | si ce n'est | le fromage
and (E.22.) cholerick | but | (R.3.) cheese

et les porreaux? Les   Italiens, les Français,
and   leeks? (A.4.) Italians, (A.7.) French,

les   Espagnols reçoivent tous leurs   carac-
(A.7.) Spaniards all receive their characte-

tères avec leur nourriture. Ainsi,   pour
risticks with their food . Therefore,   to

couper court, je suis d'avis   qu'il   faut
be   brief, I am of opinion that it is necessary

te défendre,   maintenant, non-seulement
(S.9.) to deny (I.1,2.), at present, not only

le bœuf, mais aussi tout ce   qu'on
(A.3.) beef, but also every thing (N.11.) that

mange chez ces nations-là. » Pendant
(N.7.) eaten || in (L.1,3.) — . » During

ce discours, la nourrice faisait la mine
(L.2.) speech, the nurse was (R.5.) pout

et   traçait des lignes sur son
(R.22.) and (T.8.) (R.5.) mark   her

assiette avec son couteau : elle ne voulut
(J.1.) plate with her knife : she (S.18.)

plus manger pendant le reste du dîner.
(R.4.) eat no more during the rest of the dinner.

Afin que l'enfant ne se ressentît pas de
In order that the child might not suffer by the

l'humeur de la nourrice, Corneille lui défendit
(H.1.) nurse ill humour, Cornelius forbade ||

de l'allaiter pendant le reste de cette
her to suckle (I.2,4.) for the rest of (L.1,3.)

journée-là, et | il ordonna qu'il fût | nourri
day, and | (R.17.) order it to be | fed ||

de beurre et de miel mêlés en-
(V.2.) butter and (V.23.) honey (R.PP.) mix to-

semble   selon   une prescription   qu'il avait
gether according to a   — — — (K. 14.) he had

trouvée   quelque part dans Eustache d'après Ho-
met || with somewhere in Eustathius upon Ho-

mère. | Il se mettait peu en peine de trop
mer. | He was but little (R. pp.) concern at the

relâcher l'enfant, | étant d'avis   que quelque
child's looseness, | being of opinion that (N. 19.)

mal   qu'il   pût   faire   à son corps, il
harm (I. 3.) (S. 12, 15.) do (R. 4.) to his body, he

serait suffisamment   racheté   par les
would be sufficiently (R. 8.) recompense by the

perfections de son entendement.   Dès lors   , il
—   of his understanding. From that time, he

voulut absolument   que la nourrice | usât
would absolutely (S. 20.) the nurse | observe a

de   régime. | Tous les soirs , il était
strict course of diet. | (N. 14.) evening, he was

occupé pendant une demi-heure à
(R. 8.) occupy for half (B. 7.) hour in (R. 2, 5.)

écrire une liste des choses   qu'elle devait
write a list of things (K. 14.) she was (Q. 8.)

boire et manger le lendemain. Dans ce travail,
to eat and drink * the next day. In this work,

---

* L'usage veut que l'on place le verbe : *to eat*, manger, avant
le verbe : *to drink*.

il était ordinairement   assisté par Lycurgue et
he was   commonly (R.pp.) assist by Lycurgus and

Aristote   qui,   selon lui,   n'avaient
Aristotle (K.2.), according to his opinion, could

pu   se   tromper;   mais quoi-
not (S.14,15) he (R.8.) deceive (S.5.); but though

qu'il trouvât   ou | qu'il se persuadât
he found || (R.26.) or | thought || he always

trouver toujours | un remède à tout mal, il fut
found || | a remedy for (N.12.) ill, he was

plus   d'une fois   embarrassé en
more (E.16.) once (R.pp.) embarrass on (R.2,5.)

voyant qu'ils   prescrivaient des choses tout
see that they (R.18.) prescribe (C.1.) things quite

opposées :   selon   lui   cela était
opposite : according to his opinion that was

impossible : Lycurgue   et   Aristote ne pouvaient
—   : Lycurgus and Aristotle could not

se   tromper   : c'était son
(S.14,15.) be (R.8.) deceive (S.5.) : it was his

esprit qui l'égarait   : il avait mal -
mind (K.1.) misled || (I.1,2.) : he had ill (R.8.)

conçu le sujet. Hippocrate,   l'infaillible
conceive the subject. Hippocrates, the infallible

Hippocrate,   fut donc le sur-arbitre; c'était lui
Hippocrates, was then the arbiter; it was (I. 10.)

qui   devait   toujours décider finalement lors-
(K.2.) was (Q.8.) always to decide finally when

qu'il ne pouvait pas   faire accorder les opinions
he   could || not (R.4.) make   the   —

des autres :   mais , un jour , tous les
of others (R.4.) agree : but , one day , (D.7.)

trois | s'étant rencontrés | d'avis différents ,
three | being | of different opinions ,

Corneille ,   malgré   sa   partialité pour
Cornelius, notwithstanding his (J.1.) partiality for

Hippocrate ,   ne   put | s'empêcher de croire |
Hippocrates , (S.15.) not | help (R.5.) think |

que Lycurgue | avait raison | . Mais   pensant
that Lycurgus | was right | . But (R.5.) reflect

que ces   savants   avaient pu | considérer
that (L.1.) learned men (S.16.) | taken || dif-

le sujet sous différents rapports , qu'il   ne pouvait
ferent views of the subject, that he   himself

lui-même approfondir , | il fut d'abord
could not enter into , | he was at first (R.PP.)

déconcerté ;   cependant, il   ne   doutait pas
disconcert ; however , he (R.21,27.pt.) doubt

que tous les   remèdes   qu'ils   in-
but all the (G.2.) remedy (K.1.) they (R.8.) in-

diquaient fussent bons , et il   se   résolut d'en
dicate were good , and he (R.18.) resolve† to

faire un mélange.   Cette fois,   la nourrice,
make a mixture (O.2.). This time, the nurse,

ordinairement peu   contente des
generally but little (R.8.) please with the (G.1.)

mets qu'il lui   ordonnait,   fut tellement
dish that he (R.pp.) order (I.1,2,8.),   was so

dégoûtée qu'elle | renonça à le ser-
(R.pp.) disgust that she | (R.7,17.) quit his ser-

vir.
vice.

CHAPITRE VII.

DE L'INSTRUCTION DU JEUNE MARTIN.

Quatre ans de la vie du jeune Martin
Four years of (H. 1.) young Martin life (S. 5.)

se passèrent dans ces sortes de disputes. Mme. Scriblerus
(R. PP.) pass in (L. 2.) sorts of — . M^{rs}. —

commença à songer qu'il était nécessaire de
began || to think that (I. 3.) was necessary to

l'instruire dans les principes de la religion :
instruct (I. 1, 2.) in the principles of (A. 3.) — :

— à cet effet, elle se donnait beaucoup de
—with this intent, she gave || (S. 1.) much (V. 1.)

peine pour lui enseigner le catéchisme. Mais
trouble to teach (I. 1, 2, 8.) the catechism. But

Corneille, qui regardait ce moyen
Cornelius, (K. 2.) (R. PP.) regard (L. 2.) means

d'instruction comme très-ennuyeux, | mit en œuvre
of — as very tiresome, | set || his wits

son   imagination | pour trouver une méthode plus
to work | to find out a more agreeable

agréable afin de lui inspirer le goût   de
method in order to inspire him with the desire

la science.   Il   l'amenait   souvent aux
of knowledge. He (U. 1.) took ‖ * (I. 1, 2.) to the

marionnettes de la création du   monde, où
puppet-show of the — of the world, where

l'enfant, | tout en s'amusant
the child, | at the same time that he (R. 18.) amuse

       | ,   prenait   une idée de l'his-
himself | , (R. pp.) gain ** (B. 2.) idea of the his-

toire de la bible. Les premiers principes de
tory of the — . (A. 3.) first principles of (A. 3.)

l'histoire profane   lui furent donnés   en   le
profane history (D. 1, 2.) were taught ‖ *** him by

    menant   voir la lanterne magique où
(R. 2, 5.) take****(I. 1, 2.) to see raree shows where

il   reçut   une idée de tous les princes de
he(R. pp.) gain *****(B. 2.) idea of all the — of

---

* *Took* est le prétérit du verbe *to take*, prendre; mais la signification en change lorsqu'il est suivi de la préposition *to*, comme ci-dessus.

** *Gain*, veut dire, littéralement, *gagner.*

*** *Taught* est *teach* à l'infinitif, *enseigner.*

**** Voyez la 1ʳᵉ. note ci-dessus.

***** Voyez la 2ᵉ. note ci-dessus.

…… l'Europe. Enfin, … … … le vieillard.
(A. 3.) ……… … In short the old gentleman so

…… l'arrangeait pour que chaque chose ……… con-
(R. 18.) contrive it that every thing (R. pt. s.) con-

tribuât aux … … progrès de ses connaissances,
tribute to the advancement of his knowledge,

jusqu'à ses habillements. Il lui inventa un
(V. 221) to his dress. He (R. 17.) invent a

habit complet, qui pouvait
suit of clothes for him (I. 1, 2.), (K. 1.) (S. 12, 15.)

lui donner quelque idée de la géogra-
(R. 4.) give (I. 1, 2, 8.) some idea of (A. 3.) geogra-

phie, et quelque connaissance aussi du commerce
phy, and some knowledge also of (A. 3.) —

des différentes nations. Il avait un chapeau français
of different — . He had a french (D. 1, 2.) hat

avec une plume africaine, des chemises
with an african (D. 1, 2.) feather, (C. 1.) |

en toile de Hollande |, et de la | dentelle de
holland shirts |, and (C. 1.) | flanders lace

Flandre |, du drap anglais doublé
(H. 9³.) |, (C. 1) english (D. 1, 2.) cloth (R. 8.) line

| en soie de l'Inde |; ses gants | provenaient
| with indian silk |; his (J. 1.) gloves | were

d'Italie, et ses souliers de l'Espagne | : il fut
italian, and (J. 1.) shoes spanish | : he was

obligé   de   se le rappeler   pour pouvoir
(R. 8.) oblige to remember † (P. 2.) in order to be

répondre   journellement   aux
able (S. 17.) to answer the daily questions *

demandes qu'on   lui   faisait sur ce
       (K. 1.) (N. 2.) (R. pp.) ask him on (L. 2.)

sujet ,   ce que son père   appelait
subject , (K. 4.) his father often (U. 1.) (R. 1. 17.)

souvent : | voyager chez soi | . Il   ne
call : | (R. 5.) travel at home | . He never

lui donnait   jamais   une figue ou   une orange ,
(U. 1.) gave || (I. 1, 2, 8.) a fig or (B. 2.)   —

sans   l'obliger   de   lui dire
without (R. 2, 5.) oblige (I. 1, 2.) to tell (I. 1, 2, 8.)

le pays d'où l'une ou l'autre venait.   Dans   l'histoire
the country whence it ** came || . In (A. 3.) natural

             naturelle, il fut bien   aidé par
(D. 1, 2.) history, he was much (R. 1, pp.) assist by

sa   curiosité au   sujet   des   enseignes ,
his (J. 1.) curiosity on the subject of (A. 3.) signs ,

---

* *Daily questions*, veut dire, littéralement, *demandes quoti-
diennes*.

** Puisque les mots *fig* et *orange* sont déliés par la conjonction
disjonctive *or*, il faut faire précéder le verbe anglais *to come*, ve-
hir, du pronom neutre *it*, qui remplace le mot *orange* ; sujet de
la phrase.

et | au point | qu'il a souvent
and | to such a degree | that he has often (R. 1, PP.)

avoué qu'il leur devait la connaissance
confess that he (R. 18.) owe to them the knowledge

de bien des créatures qu'il n'a jamais trouvées
of many (V. 1.) — (K. 1.) he has never found ||

depuis dans aucun auteur; telles que les lions
since in any author; such as (A. 3.) white (D. 1, 2.)

blancs, les dragons d'or, etc. Il pensa
lions, (A. 3.) golden dragons, etc. He thought ||

long-temps de même relativement aux hommes
a long while the same with respect to (A. 3.) green

verts; mais il a trouvé depuis que
(D. 1, 2.) men; but he has found || since that

Kercherus en a fait mention et que le
— has (R. 1, PP.) mention them and that the

fait est vérifié dans l'histoire de Guillaume
fact is (R. 8.) verify in (A. 3.) history of William

de Newbury.
of Newbury.

Sa disposition pour les mathématiques | se
His (J. 1.) — to the mathematicks | was

montra dès sa plus tendre jeunesse | par son
(R. PP.) discover very early | by his (J. 1.)

goût   à tracer   des   lignes   parallèles
prepensity to draw (C. 1.) parallel (D. 1, 2,) lines

sur   sa   beurrée et à   les entrecouper   à
on (J. 1.) bread and butter and intersect them at

angles   égaux , de manière à en diposer
equal (D. 2.) angles, so as to form its (J. 8.)

toute la surface   en carrés. Mais, au   milieu de
whole   —   into squares. But, in the midst of

tous ses   progrès,   une grande difficulté   l'arrêtait
all his improvements, a great difficulty(R. 7, 17.)stop

     dans l'alphabet. Son père voulait
(I. 1, 2.) in the   —   . His father would (S. 20.)

qu'il prononçât la lettre C de   la   manière
(I. 1.) pronounce the letter C in (A. 3.) ancient

     ancienne,   et, comme   on   ne pouvait
(D. 1, 2.) manner, and,   as (N. 2.) (S. 12, 13, 15.)

| le lui faire entrer dans la tête | ,   trois
| make him comprehend it | , almost three

mois furent presque perdus avant qu' | il lui fût
months where   lost || before | he was (R. 7.)

permis | de passer à la lettre D. | Il ne voulait pas
permit | to pass to the letter D. | Neither

non plus | lui permettre de continuer l'écriture ; et
would he | permit him to continue writing ; and

cela parce que son maître   ne   connaissait pas
that because his master (R. 21, 27, Pt. 30.) know

les | tables de cire | de Fabius.
the | waxen * tables | of Fabius.

| Madame Scriblerus àvait beau dire |
| It was in vain for Mrs Scriblerus to say |

qu'il   importait   peu   que   son   fils
that it was of little consequence whether her son

prononçât   les   lettres   de   la   manière
(R. 18.) pronounce ** the letters in the ancient

des anciens ou non : et quant aux   tables de
manner *** or not : and as to (H. 1, 2.) Fabius

cire de Fabius,   elle   doutait fortement
waxen tables (H. 9^1.), she (R. 17.) doubt much

---

* Il y a des substantifs en anglais dont on peut former des adjectifs, et puisque dans les transpositions comme ci-dessus, le mot placé le premier devient adjectif, il serait une faute de dire *wax*.

** A proprement parler, ce mot *pronounced* est au prétérit du subjonctif ; mais l'explication en est tellement abstraite que beaucoup d'Anglais même ne la comprennent pas. En renvoyant l'élève au prétérit de l'indicatif, je ne fais que lui apprendre l'orthographe, qui est la même qu'elle serait au subjonctif. Si l'on veut apprendre à raisonner sur des sujets abstraits, ce n'est pas dans un livre consacré à l'usage des commençants qu'on l'apprendra.

*** *Ancient manner*, veut dire : *manière ancienne*.

que l'on pût trouver un
(W. 2.) a writing master (N. 7.) (S. 15.) (R. 4.)

maître d'écriture   qui   sût   davantage à   ce
found || (K. 2.) knew || more on this

sujet   que   celui   qu'on   avait
subject (E. 11.) (L. 4.) (K. 2.) had been (R. 8.)

renvoyé.   Corneille était inflexible. « O
discharge (N. 7.). Cornélius was   —   . « O

femme, lui disait-il, si   tu   avais   étudié
woman, said || he, if thou hadst (R. 19.) study

les   anciens, si   tu   pouvais   juger de
the ancients, if thou (S. 15.) || (R. 4.) judge of

leur mérite et   concevoir l'abâtardissement des
their merit and conceive the degeneracy of the

peuples   qui   habitent maintenant   cette
people (K. 2.)   now inhabit (R. 1, P.) (L. 2.)

planète,   tu   aurais,   peut-être, comme moi,
planet, thou wouldst, perhaps, like me,

la désir de conserver un germe qui pourra
desire * to preserve a   —   (K. 1.) may (S. 12,

    quelque jour rappeler   l'âge   d'or.
15.) some day recall the golden ** age (G. 9³).

* *Thou wouldst desire*, est, littéralement : *tu désirerais*.

** *Golden* est un adjectif formé du substantif *gold*. Voyez la
1ʳᵉ. note à la page précédente.

Oui (continuait-il), je préfère qu'il
Yes (R. 18.) (continue he) I prefer (R. P.) that

ignore tout ce qu'on
he be ignorant of (N. 11.) (K. 5.) is (R. 1, PP.)

estime le plus parmi les modernes, plutôt que
esteem most among the moderns rather than

de renoncer aux anciens : d'ailleurs le fils de
renounce the ancients : besides ought || not the

Corneille Scriblerus ne doit-il pas se
son of Cornelius Scriblerus (R. 14, 15.) (S. 1.) to

distinguer de ceux qui, à l'exemple des singes et
distinguish from those (K. 2), like (C. 1.) apes and

des perroquets, se contentent
(C. 1.) parrots, (S. 1.) content with (R. 2, 5.)

d'imiter ce qu'ils voient ? Loin de lui soit cette
imitate (K. 4.) they see ? Far from (I. 1.) be (L. 2.)

apathie honteuse. Il est vrai qu'il
shameful (D. 1, 2.) apathy. (I. 3.) Is true that

y a des hommes qui ont remonté jusqu'au
(Q. 14.) (C. 1.) men (K. 2.) have gone || back to

premier ordre des choses, à l'origine de tout
the first order of things, to the origin of (N. 11.)

ce qui existe ; mais en commençant par où
(K. 5.) (R. 9.) exist ; but by (R, 2, 5, 7.) begin where

ils devaient   finir , ils se trompent continuellement
they ought‖ to finish, they mistake † continually

à force de   juger des causes par les effets.
by dint of (R. 2, 5.) judge of   — by effects.

Je veux, au contraire,   que   mon fils
On the contrary, I will (S. 20.) my son (R. 4.)

étudie le commencement de tout pour qué
study the   — of (N. 11.) in order that

la sagesse des temps passés | le mette en
the wisdom of past times | may enable him

état | de corriger les erreurs qui subsistent
(I. 1, 2.) | to correct the errors (K. 1.) subsist

parmi toutes les nations de la terre, et
among (N. 13.) (A. 3.) — of the earth, and

qui menacent d'être si funestes à la postérité. »
(K. 1.) threaten to be (E. 13.) fatal to posterity.»

Corneille, ayant lu et | médité |
Cornélius , having read ‖ and | seriously

les méthodes par lesquelles fut
(R. 1, pp. weigh | the methods by (K. 9.) the

instruit le célèbre Montaigne,
celebrious Montaigne was (R. pp.) instruct,

et voulant les surpasser ,
and (R. 5.) wish (S. 19.) to surpass them (I. 2.),

décida que Martin n'étudierait
(R. 18. decide that Martin (R. c, 25.) study and

et ne parlerait que les langues savantes,
(T. 8.) speak * the learned (D, 1, 2.) languages,

et surtout le grec, qu'il parlait
and particularly the greek, (K. 1.) he always

toujours en buvant et en
(U. 1.) spoke || when (R. 5.) eat and (R. 5.)

mangeant, comme faisait Homère. Mais ce qui
drink **, as did || Homer. But (K. 4.)

contribua le plus à sa connaissance
(R. 18.) contribute most to his (J. 1.) knowledge

de cette langue, ce fut sa passion
of this language, (Q. 10.) was his (J. 1.) love

pour le pain d'épice. Son père, | s'étant aperçu
of gingerbread. His father, | (R. 5.) observe

de son goût, fit faire en pain d'épice les
his inclination, had the letters of the greek

lettres de l'alphabet grec; | et l'enfant
alphabet made in gingerbread; | and the child

mangea le premier jour jusqu'à iota. S'étant
eat | the first day as far as iota. (S. 2.) (R. 8.)

* Voyez la 2e. note, p. 7.
** Voyez la note, p. 89.

appliqué à cette langue plus
devote (S. 1.) to (L. 2.) language more (E. 11.)

qu'aux autres, il la possédait si parfaitement
to the others, he knew* | (I.2,3.)(E.13.) perfectly

à | l'âge de huit ans, | que Grenovius
at | eight years of age, | that Grenovius

craignait de l'accoster; et, à |
was afraid** to accost (I. 1, 2.); and, at |

l'âge de quatorze ans | , il écrivit une tragédie en
fourteen*** | , he wrote || a tragedy in

grec comme l'avait fait Pline le jeune.
greek as the younger Pliny had done ||.

Il apprit les langues orien-
He (R. 17.) learn the oriental (D. 1,2.) lan-

tales sous Erpenius, qui demeurait chez
guages of Erpenius, (K. 2.) (R. 17, 18.) live with

son père exprès pour les lui enseigner.
his father on purpose to teach them (I. 1, 2.).

Son goût pour le style oriental
His taste for the (D. 1, 2.) — — (R. pp.)

se développa si vite, qu'à cet âge,
manifest itself (S. 1.) so soon that, at this age,

---

* *Knew* est le prétérit du verbe *to know*, savoir.
** *Was afraid*, veut dire, littéralement : *avait peur*.
*** Les mots *years of age* sont sous-entendus.

il   composa les   Mille   et   un
he (R. 18.) compose the Thousand and one

Contes   Arabes,   et,   en outre,   les
Arabian (D. 1, 2.) Tales,   and,   besides,   the

Contes   Persiques,   que l'on a
Persian (D. 1, 2.) Tales, (K. 1.) (N. 7.) (R. 1, 8.)

traduits depuis dans plusieurs langues,   et
translate since into several languages ,   and

qui l'ont été dernièrement, dans la nôtre,   d'une
      *   lately, into our own, (J. 5.) in a

manière   très-élégante, par M.   Ambrose
very elegant (D. 1, 2.) manner, by Mr. Ambrose

Philips. Pour cet ouvrage de son   enfance, | il trouva
Philips. In this work of his childhood, | he was

de grandes   ressources dans | les   traditions
much (R. pp.) assist by | the historical

historiques de sa nourrice.
(D. 1, 2.) traditions of his nurse.

---

* La construction de la phrase anglaise exige que l'on fasse ellipse du relatif et des verbes auxiliaires.

CHAPITRE VIII.

CORNEILLE ET SON FRÈRE ALBERTUS SE DISPUTENT AU SUJET DE
LA MUSIQUE.

Corneille   et son frère   Albertus se
Cornelius and his brother Albertus (R. 17, 18.)

disputaient un jour   au   sujet de |
dispute † one day on the subject of | (R. 2, 5.)

l'instruction | de Martin dans les exercices   des
instruct * | —   in   the exercises of the

anciens. Corneille   convenait que
ancients. Cornelius (R. 17.) own that (A. 3.)

la danse était très-ancienne; mais   où   trouver
dancing was very ancient; but where to find

un maître! Il   proposait d'envoyer en
a master! He (R. 17. 18.) purpose to send to

* *Instructing* est le participe présent du verbe *to instruct*, instruire.

France, en Allemagne,   enfin | dans toute |
— , to Germany, in short | all over |

l'Europe, pour chercher un   antiquaire   qui
— , to seek for (B. 2.) antiquary (K. 2.)

pût   enseigner   la danse
(S. 13, 15.) (R. 4.) teach (A. 3.) tragick (D. 1, 2.)

tragique   pratiquée du   temps de Scaliger;
dance (R. 1, 8.) practise in the time of — ;

mais Albertus, en   homme   prudent,
but — , like a prudent (D. 1, 2.) man,

modéré dans ses   opinions, et   sans
moderate in his (J. 1.) — , and without

pédanterie, et qui en savait   assez par
pedantry, and (K. 2.) knew || enough by (A. 3.)

les livres et le monde   pour apprécier   tout
books and the world (R. 3.) appreciate (N. 11.)

ce qui est utile ou excellent, soit   ancien,
(K. 5.) is useful or — , whether ancient,

soit moderne; Albertus, dis-je, était d'avis
(W. 5.) modern ; — , I say, was of opinion

que le jeune Martin se   contentât des
that young — , should * (S. 1.) content with

---

* *Should* est le prétérit du verbe défectif : *shall*. Dans cette
phrase, il répond au verbe *devoir.*

maîtres tels que le pays et le siècle en
masters such as the country and age (R. 18.)

produisirent. « Il y a des maîtres de toutes
produce. « (Q. 14.) (C. 1.) masters of all

sortes, » disait-il, « des maîtres de danse,
sorts, » said || he, (C. 1.) « dancing masters

des maîtres d'écriture, des maîtres
(H. 9³.), (C. 1.) writing masters (H. 9³.), musick

de musique. »
masters. »

Le mot musique | fit allumer la bile de
The word musick | threw Cornelius into a

Corneille | . « Comment peux - tu
passion | . « How canst (S. 13, 15.) thou (R. 4.)

honorer (dit - il) ce bruit moderne
honor (said || he) (L. 2.) modern (D. 1, 2.)noise

du nom de la musique? Les plus
with the name of musick ? Would the (E. 1.)

grands amateurs voudraient-ils se commettre
great — (R. 15.) engage

avec un loup aujourd'hui sans autres
a wolf in these days without any other

armes que leurs instruments comme l'ancien
arms than their — like the ancient

Pythocaris ? Les sangliers, les éléphants,
— ? (R. 15.) wild-boars, (A. 3.) — ,

les bêtes fauves , les dauphins , les baleines, les
(A. 3.)   deer,   dolphins ,   wales ,   or
turbots , ont-ils jamais été   émus par les
    ,   ever been (R. 8.) move by the
airs   les   plus   achevés de vos modernes
(E. 7.) finished (D. 1, 2.) airs of your modern
racleurs ? Cependant tous ont   été , | pour ainsi
scrapers ? However all have been , | as   it
dire | , apprivoisés   et   humanisés par
were | , (R. 8.) tame and (R. 8.) humanize by
  les   musiciens de   l'antiquité.   D'où
(A. 3.) musicians of (A. 3.) antiquity. Whence
        vient la dépravation de nos   mœurs ?
(R. 11.) come the   —   of our morals ?
N'est-ce pas de la perte de l'ancienne musique, par
(Q. 4, 9.) from the loss of ancient musick, by
laquelle   (dit   Aristote) on enseignait toutes
(K. 9.) (R. 9.) (say Aristotle) (N. 2.) taught || all
les vertus ? Autrement, nous   pourrions
the virtues ? Else   , we (S. 12, 15.) (R. 4.)
changer Newgate   en collége de musiciens
change   —   into a — of dorian (D. 1, 2.)
doriques qui   enseigueraieut les vertus mora-
musicians (K. 2.) (R. 25.) teach the moral vir-
les aux   prisonniers. D'où vient   que
tues to the prisoners. Whence (R. 11.) come

nos maladies sont maintenant si diffi-
it that our diseases are now (E. 13.) diffi-

ciles à guérir ? D'où vient que
cult to cure ? Whence (R. 11.) come it that

je gémis journellement | par la force | de
I groan daily | under the poignancy | of

mes douleurs de sciatique? Hélas ! parce que nous avons
my sciatical* pains ? Alas ! because we have

perdu leur vrai remède, — la mélodie de la
lost || their true remedy , — the melody of the

cornemuse. Elle était bien connue des
pipe. (I. 3.) was well known || to the

anciens ; mais , malheur à nous, | il ne nous reste
ancients ; but , woe to us , | all we possess

de cet art que | le pouvoir de guérir la
of this art is | the power of (R. 5.) cure the

tarentule. Pythagore, n'arrêta-t-il pas une com-
tarantula. (R. 15, 29, 30.) Pythagoras stop a com-

pagnie d'ivrognes qui allaient atta-
pany of drunkards (K. 2.) (R. 5, 22.) go to at-

quer une maison habitée par d'honnêtes
tack a house (R. PP.) inhabit by honest peo-

* *Sciatical* est un adjectif formé du substantif *sciatick*. Voyez la
1re. note, p. 99.

gens, en changeant l'air en spondée ?
ple, by (R. 2, 5.) change the — to a spondæus ?

mais il manque aux musiciens modernes l'art de
but the modern musicians want the — of

protéger leurs carreaux de la
(R. 2, 5.) protect their windows * from the

foule. Il est bien connu que quand les Lacé-
crowd. It is well known || that when the Lace-

démoniens devinrent furieux, on fit venir
dæmonians became || furious, (N. 2.) sent || for **

un musicien de Lesbie pour les apaiser, et
a Lesbian musician (R. 3.) appease (I. 1, 2.), and

qu' ils devinrent calmes dès que la
that they became || calm (D. 1.) as soon as the

voix de Terpander se fit entendre : cependant
voice of — was heard || (S. 5.) : however

je ne crois pas que la meilleure bande de
I (R. 14, 27, 30.) think that the best band of

musiciens de l'Europe puisse | faire cesser deux de
musicians in — can | make two of our

nos boxeurs. » « Terpander lui-même (répli-
boxers give over. » « — himself ((R. 19.)

* *Windows*, veut dire, littéralement : *fenétres*.

** Faire venir est presque toujours traduit par : *to send for*,
envoyer pour.

qua Albertus) n'aurait pas le moindre pouvoir sur
reply   —   ) (Q. 2. R. 25.) the least power over

les | marchandes de poissons de | Billingsgate.   »
the | fish   women * at | —   . »

« C'est une grande erreur (dit Corneille , un   peu
« It is a great error (said || Cornelius rather

piqué) et , pour le prouver ,   j'ai   ici
warmly) and (R. 3.) prove (I. 3.) , I have here

une petite lyre,   arrangée   à   la   manière
a   little — , (R. 8.) arrange after the manner

des   anciens. Je sais   jouer quelques
of the ancients. I know (T. 13.) to play some

fragments des   airs lesbiens ,   et je   voudrais
    —   of lesbian tunes , and I should like

pouvoir en faire   l'essai   sur des
(S. 19.)   to make trial (O. 2.) upon the (E. 7.)

créatures les plus turbulentes du monde. »—«Une meil-
turbulent creatures in the world. »—« A bet-

leure   occasion   ne   se   présenta
ter (E. 8.) opportunity never (U. 1.) (R. 17. S. 1.)

jamais (dit   Albertus) car voilà deux mar-
present (said || —   ) for (L. 7.) two   ap-

<hr>

* Observez que le mot *man* et tous ses composés se changent en
men pour en former le pluriel.

chandes de pommes qui   se   querellent   et
ple women   (K. 2.) (R. 16, 5.) quarrel †   and

qui sont prêtes à se décoiffer.   l'une l'autre. »
    ready to uncoif one another (S. 6.). »

A   l'instant,   Corneille,   sa   lyre à la
In an   — ,   Cornelius, his (J. 1.)— in (J. 9.)

main,   s'élança   sur   le   balcon :   il
hand, (R. 17.) rush out into the balcony : he

avait son bonnet   de   nuit,   un vieux
had on (V. 20.) his night-cap (H. 9³.) , an old

gilet   rougeâtre, et des culottes noires ,
murrey-coloured waistcoat, and black breeches ;

mais   la   jambe   gauche toute   nue ,
but (J. 9.) left   leg was quite (N. 16.) naked ,

ayant   oublié   de   mettre   son
having forgotten || to put on (V. 20.) his

bas. | Il préluda,   et, faisant   enten-
stocking. | He ran || over some notes and , as

dre   des accords peu communs | , ses espérances
they were rather discordant | , his hopes

ne furent pas   frustrées. Son étrange
were not (R. 8.) frustrate. His strange

équipage, le   son   rude de l'instrument, la
    — , the rude sound of the   — , the

singularité de l'homme et de la musique
singularity of the man and of the musick (R. 17.)

fixèrent l'attention de toute la canaille qui s'était
  fix the — of (N. 15.) mob (K. 3.) had (S. 7.)

  attroupée autour des deux héroïnes, et,
(R. pp.) collect † round the two — , and,

enfin, celle même des combattantes. Ils s'ap-
lastly, that even of the combatants. They all

  prochèrent tous du balcon, et furent aussi
(R. 17.) approach † the balcony, and were as

attentifs que la première réunion des
attentive (E. 11.) the first assemblage of

animaux qui écoutaient Orphée. Cet
cattle who (R. 17.) listen to Orpheus. This

effet subit de sa musique l'encou-
sudden effect of his (J. 1.) musick (R. 18.) encou-

ragea beaucoup, et l'on observa
rage (I. 1, 2.) very much and (N. 6.) (R. 8.) observe

que jamais il ne toucha sa lyre
that he (U. 1.) (R. 17.) touch his (J. 1.) — in

d'une manière aussi chromatique que
(B. 8.) so (E. 10.) chromatick manner (E. 11.)

dans cette occasion. Le peuple rit,
upon that — . The people (R. 17.) laugh,

chanta, sauta, dansa, et fit
sung ‖ , (R. 17.) jump, (R. 18.) dance, and made ‖

mille contorsions. Il jugea que tout cela
many odd gestures. He (R. 17.) judge that all that

était l'effet des différents morceaux qu'il
was the effect of the different pieces that he (R. 17.)

jouait. « Observe (disait-il) dans ce morceau le pouvoir
play. « — (said || he) in that piece the power

de l'ionien ; dans celui-ci l'effet de l'æolien. »
of the ionian ; in this the effect of the æolian. »

Mais bientôt la foule commença à devenir
But in a little time the crowd began || to grow

turbulente et à jeter des pierres : Corneille
turbulent and throw (C. 1.) stones : Cornelius

se retira, mais très-satisfait de
(R. 18.) retire †, but much (R. 8.) satisfy (V. 2.)

lui-même et des effets de sa lyre.
himself and (V. 23.) the effects of his (J. 1.) —

C'est (disait-il à son frère) parce que j'ai
It is (said || he to his brother) because I have

mêlé par mégarde trop du phrygien.
(R. PP.) mix unawares too much of the Phrygian.

J'aurais pu changer et adoucir leur
(S. 16.) (R. 8.) change and (R. PP.) soften their

disposition turbulente ; mais en voilà assez :
turbulent disposition ; but it is enough :

apprends, par cet exemple, à parler
learn (R. IM. M.), by (L. 2.) example, to speak

avec vénération de la musique ancienne. Si cette lyre
with — of ancient musick. If this —

8.

dans mes mains peut   produire de pareilles merveilles,
in   my hands (S. 13.) (R. 4.) produce such wonders,

que   n'aurait - elle pas fait dans celles d'un
(M. 2.) (Q. 4, R. 25.) (I. 3.)   done || in (L. 1) of a

Timothéus   ou   d'un   Terpander ? »
    —   or (V. 23.) a   —   ? »

☞ On trouve la clef à ces thèmes, chez l'auteur, rue Saint-
Honoré, nº. 365. Prix : 15 sous.

RÈGLES

GRAMMATICALES

POUR RÉSOUDRE TOUTES LES DIFFICULTÉS

QUI PEUVENT SE TROUVER DANS LES THÈMES PRÉCÉDENTS.

A.

DE L'ARTICLE DÉFINI THE, LE, LA, LES.

(1) L'article *the*, est de tout genre et de tout nombre. (2) Les noms propres de pays, d'états, d'îles, de provinces, se déclinent, pour la plupart, sans article. (3) Les noms communs et abstraits, seuls ou joints à un ou plusieurs adjectifs au positif, lorsqu'ils sont pris dans un sens général, et s'étendant à toute l'espèce ou à tout le genre, se déclinent sans article. Ceux qui aiment mieux augmenter le nombre des pages d'un livre que d'instruire, parlent sans cesse de la difficulté

d'appliquer cette règle. Quant à moi, je ne vois de difficultés à cet égard que dans les règles fausses et absurdes que donnent les livres intitulés grammaires. Qu'on se demande seulement s'il s'agit de toute l'espèce ou de tout le genre quand on veut savoir s'il faut mettre l'article ou non, et je réponds qu'on ne fera jamais de fautes. Exemples : Le vin est bon. Est-ce qu'il s'agit de toute espèce de vin ? Oui. Alors, je dirai, en anglais : *Wine is good,* sans l'article. Le vin que vous m'avez vendu n'est bon à rien. Est-ce qu'il s'agit de toute espèce de vin? Non. Alors, je dirai, en anglais : *The wine,* etc. (4) Les adjectifs, employés substantivement et dans un sens général, exigent l'article *the.* Exception : On ne met point d'article devant les adjectifs qui désignent les couleurs, lorsqu'ils sont employés comme substantifs, et pris dans un sens général et indéfini. (5) Les Anglais mettent souvent l'article *the* devant les noms de parenté, lorsqu'ils sont ajoutés aux noms propres des personnes. (6) On ne met pas d'article devant les noms de titres, de qualités, d'offices, etc., lorsqu'ils se trouvent devant le nom de la personne, sans être précédés d'un adjectif. (7) Lorsque plusieurs noms se suivent, qui exigent le même article, on le met ordinairement avant le premier, et on le supprime avant les autres. Exception : Si la phrase exige une emphase particulière sur chaque nom, il faut répéter l'article.

B.

DE L'ARTICLE INDÉFINI A OU AN, UN, UNE.

(1) *A*, se met devant les noms qui commencent par une consonne, par un *h* aspiré, par un *w*, ou par un *y*. Si le nom commence par la voyelle *u*, et qu'elle soit simple, c'est-à-dire, qu'elle se prononce comme dans le mot *rub*, frotter, il faut suivre la règle 2; mais si l'*u* est long, et qu'il se prononce comme *you*, il faut le faire précéder de *a*. (2) *An* se met surtout avant les noms qui commencent par une voyelle ou un *h* muet. (3) On se sert en anglais de l'article *a* ou *an* devant les noms en apposition, ou qui désignent le genre ou l'espèce des choses, la qualité, la profession, la nation ou la secte d'une personne. (4) On se sert aussi de l'article *a* ou *an*, devant les noms de poids, de mesure et de nombre, dans le cas où les Français emploient le, la. (5) On met l'article *a* ou *an* après *what*, quel ou quelle, employé comme interjection, qui exprime la surprise, pourvu que le nom qui suit *what* soit au singulier. Quelquefois, au lieu de quel ou quelle, la phrase française commence par

l'article le, la, ou les, suivi de que, qu'on place vers la fin de la phrase : dans ce cas, il faut traduire la phrase comme si elle commençait par quel ou quelle. (6) Si le nom qui suit quel ou quelle est suivi de la préposition de et d'un autre nom, il faut mettre l'article indéfini avant chaque nom. (7) On met aussi l'article *a* ou *an* après *such*, *half*, *so*, *as*, *too*; tel ou telle, demi, si, aussi, trop, lorsque ces mots sont suivis d'un nom au singulier. (8) Lorsque *so*, *as*, *too*, sont suivis d'un nom au singulier, accompagné d'un d'un adjectif, l'adjectif se met avant le substantif, et l'article *a* ou *an* se place entre l'adjectif et le substantif. (9) *A* se met devant *few* et *great many*, peu et beaucoup, quoiqu'ils précèdent les noms au pluriel. (10) *Hundred*, cent, et *thousand*, mille, employés au singulier, doivent être précédés de l'article *a*. (11) On rend, en anglais, par *a* ou *an*, la préposition par, qui accompagne les adverbes de quantité ou les noms de nombre. (12) Lorsqu'il y a plusieurs noms de suite, on met l'article avant le premier, et on le supprime devant les autres.

C.

REMARQUES SUR DU, DE LA, DES.

(1) Du, de la, des, étant tantôt articles indéfinis et tantôt articles partitifs, il est important d'observer les règles suivantes pour ne pas les confondre avec l'article défini. Quand, du, de la, des, sont indéfinis, ils ne se rendent point. (2) Quand ils sont partitifs, c'est-à-dire, quand on peut, sans altérer le sens, leur substituer QUELQUE, OU UN PEU DE, ils se rendent par *some*, qui est de tout genre et de tout nombre. (3) Dans les interrogations et dans les cas douteux et incertains, surtout lorsqu'il y a une conjonction qui exprime du doute, on emploie plus souvent *any* que *some*. (4) Lorsqu'il y a plusieurs noms de suite, on ne met *some* ou *any* qu'avant le premier.

D.

LES ADJECTIFS.

(1) Les adjectifs n'ont ni genre ni nombre.
(2) Les adjectifs se mettent ordinairement avant

le substantif, même lorsqu'il y a plusieurs adjectifs de suite. (3) Mais si l'adjectif est suivi de
quelque chose qui en dépende, ou s'il est emphatique, il se met après le substantif. (4) Les adjectifs de dimension se mettent après les noms de
mesure. (5) Lorsqu'on emploie en français un
adjectif substantivement, et qu'il est au singulier,
il faut ajouter le substantif *man*, *woman*, *boy*,
girl, *child*, selon qu'on parle d'un homme, d'une
femme, d'un garçon, d'une fille, d'un enfant.
(6) L'adjectif tout, toute, placé avant un substantif sans article, se rend en anglais par *every*;
(7) employé au singulier avec article, il se
rend par *the whole*, soit qu'il soit suivi d'un
nom ou non : au pluriel, tous et toutes se rendent
par *all*. (8) On ne met pas les mots *M*^r., *M*^rs.,
ou *miss*, monsieur, madame ou mademoiselle,
avant les noms de parenté, de titre, de qualité,
d'offices, etc. (9) On ne répète guère en anglais
le même adjectif avant plusieurs substantifs qui
se suivent.

E.

DES COMPARATIFS ET DES SUPERLATIFS.

(1) Lorsqu'un adjectif d'une seule syllabe se
termine par une ou plusieurs consonnes, on

forme le comparatif de supériorité en y ajoutant *er*, et le superlatif en y ajoutant *est*. (2) Si l'adjectif finit par une seule consonne, précédée d'une seule voyelle, on la double avant *er* ou *est*. (3) Lorsqu'un adjectif d'une seule syllabe finit en *e*, on n'ajoute qu'un *r* pour le comparatif, et *st* pour le superlatif. (4) Si l'adjectif d'une seule syllabe finit en *y*, on change l'*y* en *i* et on ajoute *er* pour former le comparatif, et *est* pour former le superlatif. (5) Le comparatif d'infériorité se forme en faisant précéder l'adjectif de *less*, et *least* pour le superlatif. (6) Il y a quelques adverbes qu'on peut comparer de la même manière. (7) Les adjectifs de deux ou de plusieurs syllabes sont plus communément précédés de *more* au comparatif, et de *most* au superlatif, sans changer leur terminaison. Exception : *happy*, *handsome*, *pretty*, qui prennent *er* et *est* pour former leurs comparatifs et leurs superlatifs. [*V.* Règles 1, 3, 4.] Il en est de même de quelques adverbes de plusieurs syllabes. Exception : *often*, qui prend *er* et *est* pour former son comparatif et son superlatif. [*V.* Règle 1.] (8) Les suivants sont irréguliers : *good, better, the best; well, better, the best; bad, worse, the worst; ill, worse, the worst; little, less, the least; few, less, the least; much, more, the most; many, more, the most.*

Observations. *Much* et *little* se mettent avant les

substantifs au singulier : — *many* et *few* avant les substantifs au pluriel. (9) Les comparatifs d'égalité, qui se forment en français avec les mots AUSSI, TANT, AUTANT, etc., se forment en anglais avec les mots *as*, *as much*, *as many*, lorsque la phrase est affirmative. (10) Dans les phrases négatives, les mots SI, AUSSI, TANT, AUTANT, se rendent plus communément par *so* ou *such*, *so much*, *so many*. (11) Il faut remarquer que, dans les comparaisons d'égalité, QUE se rend par *as*; mais, si l'on compare quelque personne ou quelque chose à un plus haut ou à un plus bas degré, le QUE se rend par *than*. (12) Après un superlatif, QUE ou QUI se rend par *that*. (13) Lorsque SI, AUSSI, TANT, ne sont pas suivis de QUE, ils s'expriment par *so*, *so much*, *so many*, même dans les phrases affirmatives. (14) Lorsque SI ne peut pas se tourner par AUSSI, et qu'il signifie TELLEMENT, il se rend par *so*, même lorsqu'il est suivi de QUE, qui, dans ce cas, se rend par *that*. (15) Le DE qui se trouve quelquefois après un comparatif, se rend par *by*, quand le substantif qui le suit sert d'objet de comparaison. (16) Si le DE est précédé des mots PLUS, MOINS, et suivi d'un nom de nombre, il faut le rendre par *than*. (17) Le DE qui suit le superlatif relatif, s'exprime par *of*. Exception. Lorsqu'il est suivi d'un nom de lieu, d'assemblée, de société, etc., il se rend par *in*. (18) TRÈS ou

FORT, avant un participe passé, se rend par *much* ou *very much*. (19) PLUS, suivi d'un nom ou d'un pronom nominatif d'un verbe, prend l'article défini *the*. (20) PLUS, suivi de DE et d'un substantif se rend par *more* ou *no more*, selon que le commandement est affirmatif ou négatif; mais, dans tous les cas, on supprime le DE. (21) TROP, se rend par *too* devant un adjectif ou un adverbe; mais avant un substantif, il se rend par *too much* ou *too many*, selon que le substantif est au singulier ou au pluriel. (22) Observez que dans le cas où plusieurs noms se suivent, on rend SI, AUSSI, TANT, AUTANT, par *as*, *as much*, etc., selon les règles ci-dessus, devant le premier, et on le supprime avant tous les autres, excepté quand la phrase exige une emphase particulière.

F.

DES NOMS DE NOMBRE.

(1) Après *hundred*, cent, chaque nombre ajouté est précédé de *and*. (2) Les nombres *hundred*, cent; *thousand*, mille; *million*, million; etc., prennent un *s* au pluriel, lorsqu'on les emploie comme substantifs collectifs. (3) Les nombres ordinaux

prennent toujours l'article. (4) Après les noms des souverains et des papes, on fait usage des nombres ordinaux. (5) En parlant des jours du mois, on se sert aussi des nombres ordinaux. (6) LE PREMIER, LA PREMIÈRE, LES PREMIÈRES, se rendent par *the former*, et le DERNIER, etc., par *the latter*, quand ils se rapportent à un nom ou à une phrase précédente. (7) DEUX A DEUX, se rend par *two and two* quand on veut exprimer l'ordre dans lequel se trouvent les personnes ou les choses dont on parle dans le sens de deux à la fois. (8) En terme de jeu, on dit : *two all*, *three all*, etc., DEUX A RIEN, *two love*, etc.

G.

PLURIEL DES NOMS.

(1) Lorsque le singulier se termine en *ch*, *sh*, *s*, *x*, le pluriel se forme en ajoutant *es*. Exception : lorsque *ch*, à la fin d'un nom, se prononce comme *k*, on met seulement un *s* selon la règle générale. (2) Les substantifs terminés en *y*, précédés d'une ou plusieurs consonnes, changent l'*y* en *ies*, pour former le pluriel. Si l'*y* est précédé d'une ou de plusieurs voyelles, on met seulement un *s* selon la règle générale. (3) Les substantifs

terminés en *f* ou *fe*, forment leur pluriel en changeant *f* ou *fe* en *ves*. Exception : ceux qui se terminent en *ff*, *oof*, *ief*, *rf*, forment leur pluriel en y ajoutant seulement un *s*, selon la règle générale. Remarque. *Thief* et *staff*, voleur et bâton, font *thieves* et *staves* au pluriel.

H.

DU GÉNITIF POSSESSIF.

(1) Lorsqu'un substantif qui désigne un être animé est au génitif en français, on peut y ajouter un *s* précédé d'une apostrophe et le placer avant le substantif qui le gouverne, pourvu que la phrase exprime la possession ou la propriété de quelque chose. (2) Mais lorsque le nom au génitif singulier ou pluriel se termine en *s*, on n'ajoute qu'une apostrophe. Remarque. Les adjectifs employés substantivement ne subissent jamais ce changement. (3) Lorsqu'il y a plusieurs génitifs de suite, il vaut mieux ne faire cette inversion que pour les deux derniers. (4) Lorsque les génitifs sont liés ensemble par la conjonction *and*, et, il faut les placer tous avant le substantif qui les gouverne, mais on n'ajoute un *s* qu'au dernier. (5) Lorsque le nom du possesseur est suivi du nom de sa pro-

fession, de sa qualité, etc., on met un *s* précédé d'une apostrophe pour marquer la possession sans exprimer la chose possédée; et pour cette raison, la profession, la qualité, etc., de la personne est assez pour marquer si l'on parle d'une boutique, d'un bureau ou d'une autre place quelconque; car, un boulanger ne tient pas ordinairement un bureau, ni un négociant ne tient pas non plus une boutique. (6) Un titre, quoique composé de plusieurs mots, prend l'*s* apostrophe à la fin, comme si c'était un mot. (7) Lorsqu'il s'agit d'un espace de temps ou d'une certaine distance, on peut aussi faire usage de ces inversions avec l'*s* apostrophe. (8) Dans les phrases comparatives, on ajoute quelquefois un *s* apostrophe à la fin d'un nom au lieu d'exprimer le pronom démonstratif qui le précéde en français. (9) On ne se sert point d'*s* apostrophe, mais on transpose simplement les mots. (9^3) Lorsque le second nom, qui est au génitif en français, marque la matière dont est formée la chose exprimée par le premier nom. (9^2) Lorsque le second nom qui est au génitif ou au datif en français, désigne l'emploi de la chose exprimée par le premier nom. (9^3) Lorsque le second nom, qui est au génitif ou au datif en français, exprime l'espèce de la personne ou de la chose désignée par le premier nom. Observez que le nom qui, dans ces sortes d'inversions, est placé le premier en anglais, se met toujours au singulier, même lorsqu'il est au pluriel en français. (9⁴) Lorsque le second nom désigne une chose dont fait partie l'objet exprimé par le premier nom.

I.

PRONOMS PERSONNELS.

(1) *I*, je; *thou*, tu; *he*, il; *she*, elle; font, au cas objectif, *me*, *thee*, *him*, *her*: les pluriels *we*, nous; *ye* ou *you*, vous; *they*, ils ou elles font, au cas objectif, *us*, *you*, *them*. Remarque, On peut les décliner, de même que les noms, à l'aide des prépositions *of*, de; *to*, à; *from*, de; comme : Nom. *I*, gén. *of me*, dat. *to me*, acc. *me*, abl. *from me*, et ainsi du reste. (2) Les pronoms gouvernés se mettent, en anglais, toujours après le verbe, et celui qui est au datif, se met après celui qui est à l'accusatif. Observez que si le même pronom est gouverné de plusieurs verbes, il faut l'exprimer seulement après le dernier. (3) On se sert du pronom neutre *it*, lorsqu'il s'agit des choses inanimées ou des animaux dont le sexe n'est pas spécifié. Le pluriel de *it* est *they*, au nominatif, et *them* à l'objectif. (4) On se sert quelquefois de *it*, en parlant d'un enfant, sur-

tout lorsqu'on en ignore le sexe. (5) Lorsqu'on personnifie les choses ou les êtres irraisonnables, on se sert de *he* ou *she*, selon qu'on les fait du genre masculin ou du féminin. (6) On ajoute quelquefois *own* aux pronoms personnels pour exprimer ce qu'on veut dire avec plus d'énerg e ou pour ôter un équivoque. (7) Lorsque le verbe est suivi d'une préposition, on met le pronom qui est à l'accusatif entre le verbe et la préposition. (8) Lorsqu'il y a un pronom et un nom régimes d'un verbe, si le pronom est au datif sans la préposition *to*, il se met le premier. (9) Mais, si le pronom est précédé de la préposition *to* ou d'une autre préposition, il se met ordinairement le dernier. (10) Le verbe *be*, être, gouverne le pronom au nominatif. Exception. Lorsque le verbe est à l'infinitif, il gouverne le nom ou le pronom qui suit à l'objectif. (11) Lorsqu'un verbe a deux ou plusieurs nominatifs, on le met au pluriel; mais on n'emploie point de pronom collectif comme en français. (12) On ne répète guère, en anglais, le même pronom dans la même phrase. (13) L'important est de savoir quand on doit employer le nominatif et quand on doit employer le cas objectif après les conjonctions *as* et *than*, quand ils suivent le degré comparatif de l'adjectif ou de l'adverbe. Or, pour résoudre cette difficulté, il ne faut que former la phrase dans l'ordre naturel qu'exige la grammaire, et, on sortira de tout embarras de suite. Par exemple, si je dis : il aime le fruit mieux que moi, l'ordre naturel de cette phrase est : j'aime le fruit, mais il l'aime mieux. Le pronom moi, donc, doit être rendu par le nominatif *I*; mais, si je dis : il aime sa sœur mieux qu'elle, ce serait un contre sens que de dire : elle aime sa sœur, etc.; il est donc évident qu'*elle* est régi par le verbe, et, conséquemment, il faut le rendre en anglais par le cas objectif — *her*.

J.

PRONOMS POSSESSIFS.

(1) Les pronoms possessifs conjonctifs suivent le genre de la personne qui possède, et non pas celui de la chose possédée. Le nombre s'accorde aussi avec le nom auquel le pronom se rapporte. (2) Quand on parle dans un sens général, le pronom son, sa, ses, s'exprime par *one's*. (3) Lorsqu'on se sert en français des pronoms personnels pour exprimer la possession, on tourne ces phrases, en anglais, par les pronoms possessifs, relatifs. Observez que s'il y a un nom, au lieu d'un pronom personnel, on ajoute un *s* apostrophe au

nom. Exception. Lorsque le nom se termine par un *s*, on ajoute seulement l'apostrophe. (4) On place quelquefois les pronons *mine*, *thine*, *his*, *hers*, etc., avant un infinitif, pour marquer le devoir, l'affaire ou le sort de la personne dont il est question. (5) On ajoute quelquefois *own* aux pronoms possessifs conjonctifs pour leur donner plus d'expression ou pour ôter un équivoque. (6) Lorsqu'on emploie en français les pronoms possessifs relatifs les miens, etc., pour signifier les parens, les amis ou les domestiques de quelqu'un, il faut le rendre, en anglais, par le pronom possessif conjonctif *my*, etc., et ajouter le substantif *relatives*, *friends*, etc., selon le sens de la phrase. (7) Le pronom *its*, sert pour les choses inanimées, les êtres irraisonnables, et les enfants lorsque le sexe n'en est pas spécifié. (8) En, lorsqu'il tient lieu des pronoms son, sa, ses, leur, leurs, peut se rendre par *his*, *her*, *its*, *their*. (9) Lorsqu'on parle d'une partie du corps ou de quelque faculté de l'âme, on emploie, en anglais, les pronoms possessifs. (10) En adressant la parole à ses parens ou à ses amis, on n'emploie pas le pronom possessif. (11) On ne répète guère le même pronom possessif avant plusieurs noms qui se suivent, à moins que la phrase n'exige une emphase particulière.

K.

PRONOMS RELATIFS.

(1) Qui, quand il se rapporte aux choses, se traduit par *which*. (2) Lorsqu'il se rapporte aux personnes, il se rend par *who*. (3) Quelquefois le pronom *that* sert pour les personnes et les choses. (4) Ce qui, ce que, se rendent par *what*, lorsqu'ils ne se rapportent pas à une phrase précédente ; et par *which*, lorsqu'ils se rapportent à une phrase qui précède. (5) Ce que, ce qui, précédés de tout, se rendent par *that*. (6) *Whose* se met toujours immédiatement avant le nom auquel il se rapporte, et dont il faut supprimer l'article en anglais. (7) Lorsque dont, relatif aux personnes, n'est pas suivi d'un nom, il se rend par *of whom*. (8) Si dont est relatif aux choses, il se rend par *of which*, qui se place après le nom. (9) Lorsqu'on fait usage de qui, quel, quelle, lequel, laquelle, etc., pour désigner une personne ou une chose entre plusieurs, on se sert de *which*, qui, dans ce cas, se rapporte aux personnes et aux choses. (10) Lorsque le pronom QUEL, QUELS, QUELLE, QUELLES, exprime l'espèce ou la qualité des personnes ou des choses,

on le rend par *what*. (11) Si le pronom QUEL, QUELLE, etc., sert pour exprimer simplement la personne, il faut le rendre par *who*. (12) On peut généralement placer les prépositions *of*, *to*, *from*, *with*, etc., qui devraient précéder les pronoms relatifs *whom*, *which*, *what*, après le verbe qui suit ces pronoms. (13) Mais avec le pronom *that*, on est obligé de les transposer. (14) On omet très-souvent les pronoms *whom*, *which*, *that*, lorsqu'ils sont à l'accusatif, et lorsqu'on place après le verbe les prépositions qui devraient le précéder. (15) Lorsque où tient la place des pronoms relatifs auquel, à laquelle, dans lequel, dans laquelle, etc., il se rend par *to which*, *at which*, *in which* ou *wherein*, etc. (16) D'où, employé pour duquel, de laquelle, se rend par *from which*. (17) Quand deux ou plusieurs verbes se suivent, on met le pronom nominatif *who* ou *which*, QUI, avant le premier, et l'on le supprime avant les autres.

L.

PRONOMS DÉMONSTRATIFS.

(1) CE, CET, CETTE, se traduisent par *that*, quand la chose ou la personne, dont on parle, est éloi-

gnée. Le pluriel de *that* est *those*. (2) Il se rend par *this* quand la chose ou la personne est proche. Le pluriel de *this* est *these*. (3) Les particules ci, là, dont on fait usage en français, soit immédiatement après les pronoms démonstratifs, ce, celui, celle, ceux, celles, ou après les noms précédés de ce, cet, cette, ces, ne s'expriment pas en anglais; mais on sert simplement de *this*, *that*, *these*, *those*. (4) Lorsque les pronoms démonstratifs CELUI, CELLE, se rapportent aux personnes, et qu'ils sont suivis des relatifs qui ou que, on les rend par les noms sous-entendus en français ou par les pronoms personnels, *he*, *she*, etc. Au pluriel, on emploie quelquefois le pronom personnel et quelquefois le pronom démonstratif *those*. Observez que si le pronom personnel est en regime d'un verbe ou d'une préposition, il faut le mettre à l'objectif. (5) Lorsqu'on emploie QUI, dans le sens de CELUI QUI, etc., il faut le traduire selon les règles précédentes. (6) Lorsque CELUI-CI, CELUI-LA, au masculin ou au féminin, singulier ou pluriel, n'a pas rapport à quelque personne ou à quelque chose qui les précéde, ils doivent être rendus par le pronom personnel ou bien par le nom et le pronom démonstratif. (7) VOICI, se rend par le pronom démonstratif *this*, ceci, lorsque l'objet dont il s'agit est sous les yeux de celui à qui on parle, et a déjà attiré son attention;

mais, s'il ne le voit pas ou s'il n'y prend pas garde, il faut le rendre par l'adverbe *here*, ici. Observez que l'un et l'autre sont suivis du verbe être, *to be*, en anglais, à la troisième personne du présent de l'indicatif. VOILA, se rend par *that* ou *there*, sujet aux mêmes règles que *this* et *here*. (8) Quand VOILA peut s'exprimer en français par IL Y A, il faut le rendre en aglais par *there*, avec le verbe *to be*, être. (9) CE, joint au verbe et tenant lieu d'un pronom personnel, se traduit, en anglais, par ce pronom personnel. (10) On ne répète pas le pronom démonstratif avant plusieurs noms qui se suivent ; mais, si le premier nom est au singulier et le second au pluriel, et vice-versa, alors, il faut mettre les pronoms singulier et pluriel qui conviennent à chaque nom.

M.

PRONOMS INTERROGATIFS.

(1) QUI ou QUI EST-CE QUI, DE QUI, etc., s'exprime par *who*, *of whom*, etc. (2) QUE ou QU'EST-CE QUE, s'expriment par *what*. (3) A QUI, lorsqu'il s'agit de possession, se rend par *whose*, et le nom qui exprime la chose possédée, se met immédiatement après. (4) QUOI, se rend par *what*,

(5) Lorsque QUE, au commencement d'une phrase, signifie pourquoi, il se rend par *why*. (6) *Which*, répond à LEQUEL, LAQUELLE, etc, (7) QUEL ou QUELLE se rend par *what*, lorsqu'il exprime l'espèce ou la qualité des choses ou des personnes ; mais s'il s'agit seulement de la personne et qu'il s'emploie dans le sens de QUI, il faut le rendre par *who*.

Il y en a d'autres ; mais l'emploi en est presque sans exception, comme en français.

N.

PRONOMS INDÉTERMINÉS.

(1) ON, se traduit par *one*, quand le sens de la phrase est général, et s'applique aussi bien à celui qui parle qu'à tout autre; (2) par *they*, quand le sens de la phrase n'est pas aussi général, mais qu'il s'agit cependant de plusieurs personnes dont on parle ; (3) par *we*, quand on peut remplacer ON par nous ; (4) par *people*, quand le sens est général, et que le mot ON tient lieu de les gens ; mais on ne peut répéter le mot *people*, comme on peut répéter ON ; une fois exprimé on doit le remplacer ensuite par *they* ; (5) par *men*, quand le sens est général et indéfini. (6) ON, se traduit souvent par

it, joint au verbe *to be*, être, accompagné du participe passé du verbe à conjuguer, surtout quand le verbe n'a ni nom, ni pronom personnel pour régime direct. (7) quelquefois, quand ON est suivi d'un verbe actif, qui gouverne un nom ou un pronom à l'objectif, le verbe se traduit par le passif; et le nom ou le pronom, objet de la phrase, en français, en devient le nominatif en anglais. (8) Lorsqu'ON, est sujet d'un verbe réfléchi, le pronom, régime en anglais, doit s'accorder en personne et en nombre avec le pronom qui tient lieu de ON. (9) *One*, se met après un adjectif dans la dernière partie d'une phrase pour rappeler l'idée de la chose exprimée par le substantif dans la première partie, ou bien, quand on repond à une demande par un adjectif qui exprime l'espèce de la chose dont on parle; comme: un grand, un noir, etc. Observez que dans ces sortes de réponses, l'ordre naturel de la grammaire exige qu'on emploie EN en français; comme: j'en veux un grand. [Voyez O. 7.] (10) On ajoute *one* ou *ones* selon qu'on parle au singulier ou au pluriel, au mot *little*, petit, en parlant des enfants. (11) TOUT, employé dans le sens de toute chose, se rend par *all* ou *every thing*. Memento. Proprement parlant, *all*, est un pronom collectif, et il régit toujours le pluriel, excepté s'il s'emploie dans le sens de *every thing*; alors, il gouverne le singulier. *Every*, est un pronom distributif, et il régit toujours le nom au singulier. (12) Tout, TOUTE, avant un nom, au singulier, sans article, se rend par *every*. (13) Lorsqu'après TOUT, TOUTE, TOUS, TOUTES, il y a l'article, on se sert très-souvent, en anglais, de *all*, avec ou sans l'article, selon que le nom suivant est pris dans un sens général ou limité. Remarque. Tout le monde, s'exprime par *every body*. (14) Lorsque TOUS LES, TOUTES LES, signifient chaque, on se sert de *every*. (15) Si TOUT se rapporte à une chose prise dans son entier, il s'exprime par *whole*, précédé de l'article *the*. (16) TOUT, signifie quelquefois tout-à-fait, entièrement, etc., alors, il faut le rendre par *wholly*, *quite*, *entirely*. (17) QUELQUE, QUELQUES, se rendent ordinairement par *some*; mais, dans les interrogations, et après la particule conditionnelle SI, on se sert de *any*. (18) QUELQUE, TOUT, avant un adjectif ou un participe passé, suivi de QUE, se rendent par *however*, et le QUE ne s'exprime pas. (19) Si QUELQUE se trouve avant un substantif suivi de QUE et d'un verbe au subjonctif, il se rend par *whatever* sans exprimer le QUE. (20) QUOI, suivi de QUE et d'un verbe au subjonctif, se traduit par *whatever*. (21) Le pronom QUEL QUE OU QUELLE QUE, suivi du verbe Être, au subjonctif, s'exprime par *whatever*, lorsqu'il s'agit des choses, et par *whoever*, lorsqu'il s'agit des personnes. (22) On se sert aussi de *whatever*, en parlant des personnes, lorsqu'il s'agit de leur qualité, de leur profession, de leur rang, etc. (23) Lorsqu'il s'agit d'une chose quelconque entre plusieurs, on se sert de *whichever*, et le verbe être se supprime. (24) CHACUN, lorsqu'il n'est pas suivi d'un génitif, peut se rendre par *every one* ou *every body*. (25) Lorsqu'il est suivi ou qu'il peut être suivi d'un génitif, il s'exprime par *each*. (26) AUCUN, AUCUNE, suivis d'un substatif qui n'est pas précédé de la préposition DE, se rendent par *no*. (27) Si le substantif est précédé de la préposition DE, AUCUN, AUCUNE, se rendent par *none* ou *not any*. (28) *None*, s'emploie quelquefois d'une manière emphatique pour *not*. (29) *Other*, avant un nom, ne change pas de terminaison ; mais si l'on fait ellipse d'un nom au pluriel, il faut y ajouter un *s*. (30) Lorsque deux ou plusieurs noms se trouvent de suite liés par une conjonction conjonctive, on met le pronom avant le premier nom, et on le supprime avant les autres, à moins que la phrase n'exige pas de force particulière.

O.

EN ET Y.

(1) **En**, employé en français comme pronom relatif, se rend en anglais par *of him*, *her* ou *them*, (parlant des personnes) selon le genre et le nombre du nom auquel il se rapporte. Observations. Si le sens de la phrase, en anglais, exige que le pronom soit au génitif, il faut employer la préposition *of*; s'il doit être à l'ablatif, il faut dire *from*. (2) Lorsqu'on parle des choses inanimées ou des êtres irraisonnables, il faut suivre la règle ci-dessus, si ce n'est qu'on emploie le pronom *it* au singulier, et *them* au pluriel, au lieu de *him*, *her*, etc. (3) **En**, employé avec des verbes passifs, se rend par *with* ou *by*. En voici la règle: Lorsqu'**en**, employé avec le verbe passif, se rapporte à quelque agent qui produit réellement quelque effet par son propre pouvoir, on doit le traduire par *by him, her, it* ou *them;* mais il faut le rendre par *with him*, etc., lorsqu'une personne ou une chose reçoit une impression sans qu'il y ait aucun pouvoir de la part de l'agent qui puisse produire une telle impression, ou qu'**en** se rapporte à un nom qui exprime la chose, dont on se

sert pour effectuer l'action exprimée par le verbe. (4) En se rend aussi par *with* lorsque la phrase exprime qu'on prend part, qu'on s'intéresse à quelque chose. (5) Lorsqu'en se rapporte à quelque nom qui exprime une personne ou une chose et qu'il veut dire concernant ou touchant il, elle ou cela, on doit le rendre par *about, him, her*, etc. (6) Lorsqu'en est suivi d'un adverbe de quantité ou un adjectif numérique, il ne s'exprime pas en anglais. (7) En, suivi de quelque autre adjectif, se rend par *one* ou *ones*, selon qu'il se rapporte à un substantif singulier ou pluriel. (8) Lorsqu'en est relatif à un lieu et qu'il est accompagné d'un verbe de mouvement, il se rend, le plus souvent, par *thence*. (9) En, dans le verbe pronominal s'en aller, ne s'exprime pas en anglais. (10) Si en est pris dans un sens partitif, il faut le rendre en anglais par *some*, pourvu que la phrase soit affirmative; (11) mais si elle est interrogative ou précédée d'une conjonction qui exprime le doute, il faut le rendre par *any*. (12) Lorsque la phrase est négative, en ne s'exprime pas.

(13) Lorsque y a rapport à un lieu, on le rend par *there, thither*, là; *here, hither*, ici. (14) Lorsque y a le même sens que l'adverbe dedans, il se rend par *in* ou *within*. (15) Lorsque y se rapporte à quelque chose exprimée ou sous-entendue, et

qu'on veut dire qu'on la fait actuellement, il faut dire *about it*, précédé du verbe auxiliaire *to be*, et si l'on emploie quelque autre verbe ou participe en français, ils se suppriment en anglais. (16) Le pronom relatif Y se rend toujours par *him*, *her*, *it* ou *them*, précédé de prépositions convenables au sens de la phrase. On sait déjà qu'il faut se régler sur l'emploi du pronom selon le genre et le nombre du nom auquel il se rapporte : et quant à la préposition, le seul moyen d'y réussir est de former la phrase en français avec le nom au lieu du pronom Y et la préposition qu'exigerait ce nom en français doit se mettre avant le pronom en anglais. Exemple : C'est un honnête homme : fiez-vous-y. L'Y remplace le substantif HOMME, et veut dire : fiez-vous A cet homme. Or, en remplaçant le substantif *man* par le pronom *him*, je trouve qu'il faut dire en anglais *trust* TO *him* ; de même, quand je dis j'y ai trouvé des fautes, je veux dire : j'ai trouvé des fautes DANS ce livre, et, en remplaçant le substantif *book* par le pronom neutre *it*, je dirais très-bien en anglais : *I have found some faults* IN *it.* J'y ai réfléchi ; c'est-à-dire, SUR ce sujet ; *I have reflected* ON *it.*

Je n'ai qu'une remarque à ajouter, c'est que, comme il y a des verbes qui régissent différentes prépositions dans les deux langues, on trouvera quelquefois des difficultés à cet égard ; mais ils ne sont pas en grand nombre , et l'on les apprendra beaucoup mieux par la pratique que par des règles compliquées et souvent insuffisantes.—Observez. Lorsque Y suit les mêmes règles qu'EN , j'y renverrai l'élève plutôt que de proposer des règles avec lesquelles il pourrait se brouiller.

P.

LES PRONOMS RELATFIS LE , LA , LES.

(1) Lorsqu'un de ces pronoms est suivi du verbe être , et qu'il est en même temps relatif à un nom ou à un adjectif, il se supprime le plus souvent en anglais, surtout lorsqu'on répond à une question. (2) LE se rapporte quelquefois à une phrase entière : dans ce cas , il s'exprime par *it*. Exception. Si LE se rapporte à toute une phrase, et s'il est suivi des verbes *to think*, penser; *to say*, dire ; *to believe*, croire, il se rend par *so*, qu'on place de même que *it*, après le verbe. (3) Le pronom LE, qui se trouve quelquefois avant le verbe qui suit un comparatif, ne s'exprime pas en anglais.

Q.

DES VERBES AUXILIAIRES.

(1)

Conjugaison du verbe auxiliaire to have, *avoir.*

INFINITIVE MOOD.

I. M. To have, *avoir.*

PARTICIPLE PRESENT.

P. Pr. Having, *ayant.*

PARTICIPLE PAST.

P. P. Had, *eu, eue, eus, eues.*

INDICATIVE MOOD.

PRESENT TENSE.

P. I have,	*j'ai.*
Thou hast,	*tu as.*
He *ou* she has,	*il a.*
We have,	*nous avons.*
Ye *ou* you have,	*vous avez.*
They have,	*ils ont ou elles ont.*

PRETERIT TENSE.

Pt. I had,	*j'avais ou j'eus.*
Thou hadst,	*tu avais ou tu eus.*
He *ou* she had,	*il avait ou il eut.*

We had,	*nous avions* ou *nous eûmes.*
Ye *ou* you had,	*vous aviez* ou *vous eûtes.*
They had,	*ils* ou *elles avaient,* ou *ils* ou *elles eurent.*

FUTURE TENSE.

f. I shall *ou* will have,	*j'aurai.*
Thou shalt *ou* wilt have,	*tu auras.*
He *ou* she shall *ou* will have,	*il aura.*
We shall *ou* will have,	*nous aurons.*
Ye *ou* you shall *ou* will have,	*vous aurez.*
They shall *ou* will have,	*ils* ou *elles auront.*

CONDITIONAL, FUTURE TENSE.

c. I should *ou* would have,	*j'aurais.*
Thou shouldst *ou* wouldst have,	*tu aurais.*
He *ou* she should *ou* would have,	*il aurait.*
We should *ou* would have,	*nous aurions.*
Ye *ou* you should *ou* would have,	*vous auriez.*
They should *ou* would have,	*ils* ou *elles auraient.*

IMPERATIVE MOOD.

im. m. Have *ou* have thou,	*aie.*
Let him *ou* her have,	*qu'il* ou *qu'elle ait.*
Let us have,	*ayons.*
Have, *ou* have ye *ou* you,	*ayez.*
Let them have,	*qu'ils* ou *qu'elles aient.*

SUBJUNCTIVE MOOD.

PRESENT TENSE.

p. s. That I may have, *que j'aie.*
  thou mayest have, *tu aies.*
  he *ou* she may have, *il ait.*
  we may have, *nous ayons.*
  ye *ou* you may have, *vous ayez.*
  they may have, *ils* ou *elles aient.*

PRETERIT TENSE.

pt. s. That I might have, *que j'eusse.*
  thou mightest have, *tu eusses.*
  he *ou* she might have, *il eût.*
  we might have, *nous eussions.*
  ye *ou* you might have, *vous eussiez.*
  they might have, *ils* ou *elles eussent.*

(2) On conjugue le verbe *to have,* avec négation, de la manière suivante :

Im. m. Not to have.

p. pr. Not having.

p. p. . . . .

Indicative mood.

p. I have not, *etc.*

pt. I had not, *etc.*

f. I shall not have, I will not have, *etc.*

c. I should not have, I would not have, *etc.*

Im. m. Do not have, *ou* have not, let him *ou* her not
  have, let us not have, do not have *ou*
  have not, let them not have.

10.

Subjunctive mood.

P. s.   That I may not have, *etc.*

Pt. s.   That I might not have, *etc.*

(3) On ne peut conjuguer un verbe avec interrogation qu'à l'indicative; ainsi :

P.   Have I, *etc.*

Pt.   Had I, *etc.*

F.   Shall I have, *etc.*

C.   Should I have, *etc.*

(4) Le même verbe avec interrogation et négation :

P.   Have I not, *etc.*

Pt.   Had I not, *etc.*

F.   Shall I not have, *etc.*

C.   Should I not have, *etc.*

Je l'ai cru assez que de donner la première
personne de chaque temps, à l'aide de quoi, l'é-
lève conjuguera les autres sans difficulté.

(5)

Conjugaison du verbe auxiliaire to be, *être.*

INFINITIVE MOOD.

I. M.   To be, *être.*

PARTICIPLE PRESENT.

P. Pr.   Being, *étant.*

PARTICIPLE PAST.

P. P.   Been, *été.*

INDICATIVE MOOD.

PRESENT TENSE.

P. I am,   *je suis.*
    Thou art,   *tu es.*
    He *ou* she is,   *il ou elle est.*
    We are,   *nous sommes.*
    Ye *ou* you are,   *vous êtes.*
    They are,   *ils ou elles sont.*

PRETERIT TENSE.

Pt. I was,   *j'étais ou je fus.*
    Thou wast,   *tu étais ou tu fus.*
    He *ou* she was,   *il ou elle était, ou il ou elle fut.*
    We were,   *nous étions ou nous fûmes.*
    Ye *ou* you were,   *vous étiez ou vous fûtes.*
    They were,   *ils ou elles étaient, etc.*

FUTURE TENSE.

F. I shall *ou* will be,   *je serai.*
    Thou shalt *ou* wilt be,   *tu seras.*
    He *ou* she shall *ou* will be, *il ou elle sera.*
    We shall *ou* will be,   *nous serons.*
    Ye *ou* you shall *ou* will be, *vous serez.*
    They shall *ou* will be,   *ils ou elles seront.*

CONDITIONAL, FUTURE TENSE.

c. I should *ou* would be,   *je serais.*
    Thou shouldst *ou* wouldst be,   *tu serais.*
    He *ou* she should *ou* would be, *il ou elle serait.*

We should *ou* would be,	*nous serions.*
Ye *ou* you should *ou* would be,	*vous seriez.*
They should *ou* would be,	*ils* ou *elles seraient.*

IMPERATIVE MOOD.

im. m.	Be *ou* be thou,	*sois.*
	Let him *ou* her be,	*qu'il* ou *qu'elle soit.*
	Let us be,	*soyons.*
	Be, *ou* be ye *ou* you,	*soyez.*
	Let them be,	*qu'ils* ou *qu'elles soient.*

SUBJUNCTIVE MOOD.

PRESENT TENSE.

p. s.	That I may be,	*que je sois.*
	thou mayest be,	*tu sois.*
	he *ou* she may be,	*il* ou *elle soit.*
	we may be,	*nous soyons.*
	ye *ou* you may be,	*vous soyez.*
	they may be,	*ils* ou *elles soient.*

PRETERIT TENSE.

pt. s.	That I might be,	*que je fusse.*
	thou mightest be,	*tu fusses.*
	he *ou* she might be,	*il* ou *elle fût.*
	we might be,	*nous fussions.*
	Ye *ou* you might be,	*vous fussiez.*
	They might be,	*ils* ou *elles fussent.*

(6) Les temps composés se forment comme en français.

(7) On conjugue ce verbe avec négation ou in-

terrogation de la même manière que le verbe *to have*, avoir. [*V.* Règles 2, 3, 4.]

(8) On se sert en anglais du verbe *to be*, suivi d'un infinitif, pour marquer l'intention ou la nécessité où l'on est de faire une chose. (9) C'EST, C'ÉTAIT, etc., se rendent en anglais, par *it is, it was*, etc., lorsqu'il s'agit de choses inanimées. (10) CE, avant le verbe être, au second membre d'une phrase, qui commence par ce qui, ce que, ne se rend pas. (11) C'EST, C'ÉTAIT, se rendent par *it is, it was*, etc., en parlant des personnes; toutefois, lorsqu'on peut retrancher le CE nominatif et y substituer le nom ou le pronom que régit le verbe être, de manière à n'en former qu'une simple proposition. (12) C'EST, C'ÉTAIT, etc., suivis d'un nom national ou patronimique, ou d'un substantif qui désigne la qualité, la profession d'une personne quelconque, s'expriment par : *he is, she was*, etc., selon qu'on parle d'un homme ou d'une femme. (13) Au pluriel, on se sert de *they, these* ou *those*.

(14) IL Y A, IL Y AVAIT etc., se rendent par : *there is, there was*, etc., lorsque le nom qui suit est au singulier; et par *there are, there were*, etc., lorqu'il est au pluriel. (15) Lorsqu'IL EST, IL N'EST, peut se tourner par IL Y A, IL N'Y A, il faut dire : *there is, there was*, etc. (16) Le verbe *there is, there was*, etc., suivi de l'infini-

tif *to be*, signifie : il doit, il devait, etc. (17) Lorsqu'IL Y A, est employé avec un nom de mesure,
pour marquer la distance, on fait précéder le
verbe *to be*, de *it*, au lieu de *there*, et le verbe
to be, reste toujours au singulier. (18) Lorsqu'IL
Y A, est employé pour exprimer la durée d'une
action, encore présente, on commence la phrase
anglaise par le passé indéfini du verbe *to be*, suivi
du verbe français au participe présent; et, IL Y A,
se rend vers la fin de la pharse par le pronom démonstratif *this*, si le substantif qui suit est au singulier; et par *these*, si le substantif est au pluriel.
(19) Quand on emploie IL Y A, à l'imparfait, en
parlant d'une action passée, et qui durait encore
dans le moment dont on parle, on commence la
phrase anglaise par le plusqueparfait du verbe
to be, suivi du verbe français au participe présent; mais, au lieu de rendre IL Y A, par *this* ou
these, on ne l'exprime pas du tout. (20) Lorsqu'IL
Y A, est employé au futur, suivi d'un autre verbe,
on met ce dernier verbe au futur composé en
anglais; et IL Y A, ne s'exprime pas. (21) Lorsqu'IL Y A, est suivi du verbe Être ou du verbe
Avoir, ces derniers sont mis au prétérit indéfini
dans la phrase anglaise, s'ils sont au présent en
français, et au plusque parfait, s'ils sont à l'imparfait en français; et IL Y A, s'il est au présent,
se rend par *this* ou *these*, dans les phrases affir-

matives, selon que le nom qui suit est au singulier ou au pluriel; mais, à l'imparfait, il ne
s'exprime pas du tout. — Remarquez. IL Y A,
employé au présent négativement ou interrogati-
vement, ne s'exprime pas non plus. (22) Lorsqu'IL Y A, s'emploie au présent avec un autre
verbe, au passé, on le rend par *ago* en anglais,
qui se met après le nom de durée.

R.

DE LA CONJUGAISON DES VERBES.

(1) Il faut observer que tous les verbes réguliers se conjuguent comme le verbe *to learn*, en
observant les règles qui s'y rapportent.

INFINIVIVE MOOD.

ᴵᵐ. ᴹ. To learn, *apprendre.*

(2) La préposition *to*, gouverne l'infinitif présent : toute autre préposition gouverne le participe présent. (3) Quand l'infinitif d'un verbe est
le sujet d'une phrase, il faut le faire précéder de
la préposition *to*. (4) Le signe *to* se supprime
toujours avant les infinitifs précédés des verbes :
*behold, bid, can, feel, dare, hear, let, make,
may, must, need, see, smell, will.*

PARTICIPE PRÉSENT.

P. PR. Learning, *apprenant.*

(5) Lorsque l'infinitif se termine par une consonne ou par un *o*, on ajoute *ing* pour former le participe présent. Lorsque l'infinitif finit en *e*, on supprime généralement l'*e*, et l'on ajoute *ing*. Cependant il y a plusieurs exceptions. La règle la plus générale est, que, quand en retranchant l'*e* on pourrait rendre le sens du mot ambigu en le confondant avec un autre verbe, on ne doit pas en faire élision. (6) Lorsque l'infinitif se termine en *ie*, on change *ie* en *y* et on ajoute *ing*, pour former le participe présent.

PARTICIPE PAST.

P. P. Learned, *appris.*

(7) On double la dernière lettre toutes les fois qu'on ajoute une syllabe, soit pour former le participe passé, soit pour former des autres temps quand l'infinitif monosyllabe se termine par une seule consonne précédée d'une seule voyelle, ou qu'un infinitif de plusieurs syllabes a la même terminaison et que l'accent tombe sur cette dernière syllabe. Exception. Dans les verbes terminés en *x*, on ne double jamais la consonne. (8) Si l'infinitif finit en *y* précédé d'une ou de plusieurs consonnes et que l'accent tombe sur la

dernière syllabe, on change l'*y* en *i* et on ajoute *ed*. Si l'infinitif finit en *e*, on n'ajoute qu'un *d* pour former le participe passé.

INDICATIVE MOOD.

PRESENT TENSE.

P.	I learn,	*j'apprends.*
	Thou learnest,	*tu apprends.*
	He *ou* she learns,	*il ou elle apprend.*
	We learn,	*nous apprenons.*
	Ye *ou* you learn,	*vous apprenez.*
	They learn,	*ils ou elles apprennent.*

(9) Lorsque le verbe finit par une consonne, on forme la seconde personne du singulier en y ajoutant *est;* et la troisième, en ajoutant *s*. (10) Les verbes terminés en *ch*, *sh*, *ss*, *x*, *y*, *o*, prennent *es* à la troisième personne. (11) Les verbes terminés en *e*, prennent simplement *st* à la seconde personne, et *s* à la troisième. (12) Dans les verbes terminés en *y* précédé d'une ou de plusieurs consonnes, on change l'*y* en *i*, et on ajoute *est* pour former la seconde personne du singulier, et *es* pour former la troisième. (13) *Before, after, as soon as, so long as, when,* régissent le verbe au présent ou au prétérit.

I do learn,	*j'apprends.*
Thou dost learn,	*tu apprends.*
He *ou* she does learn,	*il ou elle apprend.*

We do learn,	*nous apprenons.*
Ye *ou* you do learn,	*vous apprenez.*
They do learn,	*ils* ou *elles apprennent.*

(14) On emploie cette manière lorsqu'on veut affirmer ce qu'on avance avec plus d'énergie. Dans les phrases interrogatives et les négatives, il faut absolument mettre ce signe du présent *do.* Exception. Les verbes auxiliaires et les verbes défectueux n'admettent pas ce signe. (15) Lorsque la phrase interrogative commence en français par un nom, il faut la faire commencer en anglais par le signe du verbe ou par l'auxiliaire, et placer ensuite le nom, en supprimant le pronom qui se trouve dans la phrase française.

I am learning,	*j'apprends.*
Thou art learning,	*tu apprends.*
He *ou* she is learning,	*il* ou *elle apprend.*
We are learning,	*nous apprenons.*
Ye *ou* you are learning,	*vous apprenez.*
They are learning,	*ils* ou *elles apprennent.*

(16) Cette manière s'emploie lorsqu'on parle d'une chose comme se faisant toujours, ou comme se faisant à l'instant où l'on en parle.

PRETERIT TENSE.

Pt. I learned,	*j'appris* ou *j'apprenais.*
Thou learnedst,	*tu appris,* etc.
He *ou* she learned,	*il* ou *elle apprit,* etc.

Pt. We learned, *nous apprîmes ou nous apprenions.*

Ye *ou* you learned, *vous apprîtes,* etc.

They learned, *ils* ou *elles apprirent,* etc.

(17) Ce temps répond également à l'imparfait et au prétérit en français, et se forme en ajoutant *ed* à l'infinitif, lorsqu'il se termine par une consonne. (18) Si l'infinitif finit en *e,* on n'ajoute qu'un *d* pour former le prétérit. (19) Dans les verbes terminés en *y* précédé d'une ou de plusieurs consonnes, on change l'*y* en *i* et on ajoute *ed* pour former le prétérit.

I did learn, *j'appris ou j'apprenais.*

Thou didst learn, *tu appris,* etc.

He *ou* she did learn, *il* ou *elle apprit,* etc.

We did learn, *nous apprîmes ou nous apprenions.*

Ye *ou* you did learn, *vous apprîtes,* etc.

They did learn, *ils* ou *elles apprirent,* etc.

(20) *Did,* de même que *do,* ajouté au verbe, sert à exprimer l'action avec plus d'énergie. (21) Dans les négations et interrogations, il faut absolument mettre le signe *did.* Exception. Les verbes auxiliaires et les verbes défectueux n'admettent pas ce signe.

I was learning, *j'appris ou j'apprenais.*

Thou wast learning, *tu appris,* etc.

He *ou* she was learning, *il* ou *elle apprit,* etc.

We were learning,	*nous apprîmes* ou *nous ap-prenions.*
Ye *ou* you were learning,	*vous apprîtes*, etc.
They were learning,	*ils* ou *elles apprirent*, etc.

(22) Cette manière s'emploie pour marquer qu'une action se faisait dans le temps qu'une autre s'est faite.

FUTURE TENSE.

F. I shall *ou* will learn,	*j'apprendrai.*
Thou shalt *ou* wilt learn,	*tu apprendras.*
He *ou* she shall *ou* will learn,	*il* ou *elle apprendra.*
We shall *ou* will learn,	*nous apprendrons.*
Ye *ou* you shall *ou* will learn,	*vous apprendrez.*
They shall *ou* will learn,	*ils* ou *elles apprendront.*

(23) Lorsqu'on veut exprimer simplement un événement ou une action future, on se sert de *shall* à la première personne, et de *will* à la seconde et à la troisième ; mais, s'il s'agit d'une promesse, d'une menace, d'une défense ou d'un commandement, on se sert de *will* à la première personne, et de *shall* aux deux autres. (24) Dans les interrogations, on se sert toujours de *shall* à la première personne du futur, tant au singulier qu'au pluriel, parce que *will*, marque la volonté, et la personne à qui on s'adresse ne peut pas savoir la volonté de la personne qui fait l'interrogation.

C.   CONDITIONAL, FUTURE TENSE.

I should *ou* would learn,	*j'apprendrais.*
Thou shouldst ou wouldst learn,	*tu apprendrais.*
He *ou* she should *ou* would learn,	*il ou elle appren-* *drait.*
We should *ou* would learn,	*nous apprendrions.*
Ye *ou* you should *ou* would learn,	*vous apprendriez.*
They should *ou* would learn,	*ils ou elles appren-* *draient.*

(25) *Should* et *would* suivent les mêmes règles que *shall* et *will.*

im. m.   IMPERATIVE MOOD.

Learn *ou* learn thou,	*apprends.*
Let him *ou* her learn,	*qu'il ou qu'elle apprenne.*
Let us learn,	*apprenons*
Learn *ou* learn ye *ou* you,	*apprenez.*
Let them learn,	*qu'ils ou qu'elles apprennent.*

SUBJUNCTIVE MOOD.

p. s.   PRESENT TENSE.

That I may learn,	*que j'apprenne.*
thou mayest learn,	*tu apprennes.*
he *ou* she may learn,	*il ou elle apprenne.*
we may learn,	*nous apprenions.*
ye *ou* you may learn,	*vous appreniez.*
they may learn,	*ils ou elles apprennent.*

(26) Après *although*, *though*, ou *tho'*, quoique ; *provided*, pourvu que ; *unless*, à moins

que ; *if*, si ; *lest*, de peur que ; on se sert du subjonctif sans le signe *may* : c'est-à-dire, si l'action ou la passion exprimée par le verbe est douteuse : autrement on se sert du mode indicatif.

Pt. S.   PRETERIT TENSE.

That I might learn,	*que j'apprisse.*
thou mightest learn,	*tu apprisses.*
he *ou* she might learn,	*il* ou *elle apprît.*
we might learn,	*nous apprissions.*
ye *ou* you might learn,	*vous apprissiez.*
they might learn,	*ils* ou *elles apprissent.*

La conjugaison du verbe régulier *to learn* avec négation, interrogation, et interrogation et négation pour servir de modèle à tous les autres.

(27)   AVEC NÉGATION.

Im. M. Not to learn.

P. Pr. Not learning.

P. P.   Not learned.

Indicative mood.

P.   I do not learn, *etc.*

Pt.   I did not learn, *etc.*

F.   I shall *ou* will not learn, *etc.*

C.   I should *ou* would not learn, *etc.*

I. M.   Do not learn, *ou* learn not, let him *ou* her not learn, let us not learn, do not learn *ou* learn not, let them not learn.

Subjunctive mood.

p. s.   That I may not learn, *etc.*

pt. s.   That I might not learn, *etc.*

(28)   AVEC INTERROGATION.

Indicative mood.

p.   Do I learn, *etc.*

pt.   Did I learn, *etc.*

f.   Shall I learn, *etc.*

c.   Should I learn, *etc.*

(29)   AVEC INTERROGATION ET NÉGATION.

Indicative mood.

p.   Do I not learn, *etc.*

pt.   Did I not learn, *etc.*

f.   Shall I not learn, *etc.*

c.   Should I not learn, *etc.*

(30) On a déjà vu que lorsqu'on emploie un signe dans la conjugaison d'un verbe, le verbe ne change pas de terminaison ; mais, en tout cas, il faut varier la terminaison du signe selon la personne et le nombre ; ainsi, on dit : *I do not learn, thou dost not learn, he does not learn, did I learn, didst thou learn*, etc.

S.

LES VERBES RÉFLÉCHIS, RÉCIPROQUES, DÉFECTUEUX, ETC.

(1) Les verbes réfléchis se conjuguent avec les pronoms : *myself*, *thyself*, etc. Exemple.

I amuse myself, *je m'amuse*, etc.
Thou amusest thyself.
He amuses himself.
She amuses herself.
One amuses one's felf.
We amuse ourselves.
Ye *ou* you amuse yourselves, *ou* yourself, *si*
  l'on parle à une seule personne.
They amuse themselves.

I amused myself, *etc.*

A l'infinitif, on dit *to amuse one's self*, *myself*, *thyself*, etc. , selon que l'on parle indéfiniment de soi, à une autre personne ou d'une troisième. Il en est de même avec le participe présent. Remarque. Les pronoms ci-dessus qui servent à réfléchir les verbes, répondent aux mots français : moi-même, toi-même, etc. (2) Dans les temps composés, on se sert de l'auxiliaire *to have*. (3) Plusieurs des verbes réfléchis, etc., se rendent en anglais par des verbes neutres ou actifs. L'élève doit en faire une liste. Ils sont indiqués par la marque : †. (4) Lorsque le prétérit et le participe passé d'un verbe ne se terminent pas en *ed*, il est irrégulier. L'élève doit en faire une liste. Ils sont indiqués par la marque || . (5) Les verbes pronominaux se rendent, en anglais, par les verbes passifs. (6) Les verbes réciproques se conjuguent comme ci-après. *To love one another*, s'aimer l'un l'autre ; *we love one another*, nous nous aimons l'un l'autre ; *ye* ou *you love one another*, etc. (7) Dans les temps composés, il faut employer l'auxiliaire *to have*. Il en est de même des verbes neutres. (8) Le verbe : *must*, falloir, est défectueux. On ne peut le conjuguer qu'au présent, mais par toutes les personnes : ainsi, dans les phrases où IL FAUT, s'emploie au présent, il faut dire, en anglais : *I must, thou must, he* ou *she must, we must*, etc. ; selon que l'on parle de soi à une autre personne, ou d'une troisième, et le verbe qui suit se met à l'infinitif, soit qu'il se trouve à l'infinitif ou au subjonctif en français. (9) Quelquefois le présent se rend mieux, en anglais, par le verbe passif : *to be obliged*, être obligé, ou, *it is necessary*, il est nécessaire. (10) Dans les autres temps, on peut se servir des verbes *to be obliged*, être obligé; *to be ne-*

cessary, *requisite*, ou *needful*, être nécessaire; l'élève sentira bien quelle expression convient à la phrase. (11) Lorsque l'unipersonnel IL FAUT, est précédé des pronoms conjonctifs me, te, se, lui, nous, etc., et suivi d'un nom, on dit : *I want*, etc., lorsqu'on veut dire qu'on a besoin de quelque chose; mais, en parlant d'une manière absolue, on dit : *I must have*, etc. (12) Les verbes défectueux *may* et *can*, dénotent chacun un pouvoir. *May*, dénote un pouvoir moral; c'est-à-dire, la liberté, la permission ou le droit de faire une chose. Il exprime aussi la possibilité qu'une chose soit ou arrive. (13) *Can*, marque un pouvoir physique; c'est-à-dire, la possibilité de faire une chose. (14) Pour exprimer l'impossibilité qu'une chose soit ou arrive, on se sert aussi de *can*, qui s'écrit avec la négation *not*, comme un mot. (15) Ces deux verbes défectueux, *can* et *may*, n'ont que le présent et le prétérit. Exemple. *I can*, je peux, je pourrai, etc. *Thou canst*, *he can*, *we can*, etc. *I may*, je peux, etc.; *thou mayest*, *he may*, *we may*; etc. *I could*, je pouvais, je pus, je pourrais ou je pusse, *thou couldst*, etc. *I might*, je pouvais, je pus, etc., etc., *thou mightest*, etc. (16) J'avais pu, j'aurais pu, etc., suivi d'un infinitif, se rend par *I could have*, *I might have*, en mettant au participe passé le verbe qui suit.

(17) Dans les autres temps, on se sert du verbe *to be able* pour *can*, et des verbes *to be permitted*, *to be allowed*, ou de quelques autres semblables, pour *may*. (18) *Will* est aussi un verbe défectueux qui n'a que le présent et le prétérit. Exemple. *I will*, je veux ; *I would*, je voulais, je voulus, je voudrai, je voulusse, etc. (19) J'aurais voulu ; tu aurais voulu, etc. ; suivi d'un infinitif, se rend par *I would have*, *thou wouldst have*, etc., en mettant au participe passé le verbe qui suit. Pour les autres temps, on se sert des verbes *to like*, *to wish*, *to be willing*, *desirous*, *pleased*, *to have a mind to*, *to intend*, et autres semblables, qu'on peut employer aussi pour le présent et le prétérit. (20) Si, après le verbe vouloir, il y a un QUE conjonctif, on ajoute *have* à *will* et *would* : le nom ou le pronom qui suit QUE, se met à l'accusatif, et le verbe à l'infinitif. Le QUE ne s'exprime pas du tout. (21) *Ought*, est aussi un verbe défectueux, qui marque le devoir, l'obligation morale. Il n'a que le présent. Il faut remarquer ici que lorsqu'on parle d'une chose qui doit nécessairement arriver en conséquence d'un arrangement quelconque, on traduit le DEVOIR par *to be* ; et que s'il s'emploie d'une manière absolue, c'est-à-dire, qu'on peut y substituer le verbe falloir, il se rend en anglais par *must*.

T.

REMARQUES SUR LES PRINCIPALES DIFFICULTÉS INCIDENTES AUX VERBES.

(1) Lorsque deux ou plusieurs noms sont liés par une conjonction disjonctive, le verbe s'accorde avec le dernier. (2) On se sert quelquefois en français d'un verbe au présent de l'indicatif ou du subjonctif, quoiqu'il soit question d'une chose à venir : dans ce cas, il faut employer en anglais le futur. (3) La plupart des verbes qui sont au subjonctif en français, se mettent à l'indicatif en anglais. (4) Cependant les verbes qui signifient désir, souhait, lorsqu'ils sont suivis de QUE, gouvernent aussi le subjonctif en anglais. (5) Un nom collectif peut gouverner le singulier ou le pluriel selon que la phrase indique unité ou pluralité dans l'action ou dans l'état d'être. (6) Les verbes à l'infinitif, précédés des verbes aller, venir, à l'impératif se rendent en anglais par l'impératif aussi, précédé de la conjonction *and*. (7) Bien souvent, lorsqu'on emploie les verbes venir, aller, à l'indicatif ou au subjonctif suivi d'un autre verbe à l'infinitif, on les rend de la même manière ; c'est-à-dire, on place la conjonction *and* après le verbe venir ou

aller, et l'infinitif qui suit est mis au même temps.
(8) On ne répète guère en anglais le même signe
ni le même verbe auxiliaire après le premier
verbe. Quelquefois on met simplement le signe
sans exprimer le verbe, ni même les pronoms
conjonctifs énoncés dans la première partie de la
phrase. (9) Le verbe venir, ou ne faire que, suivi
de la préposition DE, et l'infinitif d'un autre verbe,
se rend toujours par l'auxiliaire *to have*, et l'adverbe de temps *just* : le verbe qui suit à l'infinitif en français, se rend, en anglais, par le
participe passé. (10) Il y a des verbes français
qu'on rend de deux manières en anglais : voici
les principaux : parler se rend par *to speak* et *to
talk*; mais le premier signifie simplement parler ;
le second signifie causer, raisonner, tenir con-
versation. DIRE, se rend par *to say* et *to tell* : le
premier signifie simplement DIRE ; le second,
raconter. Aimer, *to love, to like* : le premier
signifie aimer ; le second, trouver de son goût.
Voir, *to see, to look at* : le premier se dit de
tout ce qui s'offre à la vue ; le second, d'un
objet qu'on regarde exprès. Trouver, *to find,
to meet with* : le premier se dit lorsqu'on trouve
des choses inconnues ou des choses qu'on cherche; le second se dit d'un objet qui se présente
sans le chercher. Faire, *to make, to do*. On se
sert en général du premier, lorsqu'il s'agit de

l'opération ou du travail des mains ; on se sert du second lorsqu'il s'agit de l'opération de l'entendement, et lorsque le régime est un terme générique qui ne désigne pas plus une chose matérielle qu'une autre. (11) Lorsque le verbe *entrer* est traduit par le verbe *to enter*, la préposition DANS, qui le suit en français, ne s'exprime pas en anglais ; mais, si on le rend par *come*, ce verbe-ci régit la préposition *in*, s'il n'est pas suivi d'un nom : en cas qu'il soit suivi d'un nom, *come*, régit la préposition *into*. (12) Lorsqu'un verbe, qui a un régime direct, est suivi d'un infinitif qui n'est pas précédé d'une préposition, cet infinitif se rend en anglais par le participe présent, si l'on peut y substituer le pronom relatif QUI, et un temps simple du verbe ; mais si, en faisant ce changement, il faut employer le verbe passif, alors, on rend l'infinitif par le participe passé. (13) Lorsque le verbe savoir, *to know*, est suivi d'un verbe à l'infinitif, on met toujours avant cet infinitif le mot *how*, comment.

U.

ADVERBES.

(1) Les adverbes précèdent presque toujours l'adjectif et suivent le verbe, excepté *always*,

never, *often*, *soon* et *seldom*, toujours, jamais, souvent, bientôt et rarement, qui doivent le précéder. (2) Si la négation française PAS ou POINT, est suivie de la préposition DE, avant un substantif seul ou précédé d'un adjectif, on la rend en anglais par *no*. (3) PAS DE ou POINT DE, suivi de l'article défini ou d'un pronom, se rend par *none of*. (4) NON et NON PAS, lorsqu'ils se trouvent seuls se rendent par *no*. (5) Le NE, qui se trouve avant un verbe au subjonctif, précédé d'un autre qui exprime du doute, du désir, de la crainte, du commandement, de la prohibition, etc., ne s'exprime pas. (6) Le QUE admiratif se rend par *how* lorsqu'il se rapporte à un adjectif; par *how much*, lorsqu'il se rapporte à un substantif au singulier, et par *how many*, lorsqu'il se rapporte à un substantif au pluriel.

V.

PRÉPOSITIONS.

(1) La préposition DE, régime d'un adverbe de quantité, et suivi d'un nom, ne se rend pas en anglais; mais avant un pronom quelconque il faut le rendre par *of*. Exception à la première partie de cette règle. Quand on rend BEAUCOUP

ou BIEN par *a great deal* (une grande quantité), il faut exprimer la préposition DE par *of.* (2) DE, après les verbes passifs, se rend par *with*, quand une personne ou une chose reçoit une impression sans qu'il y ait aucun pouvoir de la part de l'a-gent, qui puisse produire une telle impression, ou qu'il est suivi d'un nom qui exprime la chose dont on se sert pour effectuer l'action exprimée par le verbe. (3) Lorsque DE est suivi de quel-que agent qui produit réellement quelque effet par son propre pouvoir, on doit le traduire par *by.* (4) Lorsqu'on parle de superfices, le SUR, dont on se sert souvent en français, se traduit par *by.* (5) A, lorsqu'il précède les mots qui ex-priment un mode ou la manière de faire une chose, est ordinairement traduit par *in.* (6) A, se rend par *with*, quand le mot qui le suit dé-signe la matière dont une chose est faite, ou l'ins-trument dont on se sert pour la faire. (7) *About* signifie la proximité et le tour, et dans ce sens, il répond aux mots français VERS et VOISINS. (8) On ajoute quelquefois *round* à *about* pour exprimer TOUT ALENTOUR. (9) Il signifie aussi TOUCHANT OU CONCERNANT. (10) *About* veut dire aussi PRESQUE OU PRÈS DE, suivi d'un nom de poids ou de mesure. (11) On place quelquefois *about* entre le verbe *to be* et un autre verbe, pour marquer qu'on se prépare à faire une chose.

(12) Mais lorsque *about* est placé entre le verbe et un substantif ou un pronom relatif, il marque que la personne fait actuellement la chose. (13) Suivant et selon, lorsqu'ils précèdent les mots qui expriment un mode ou la manière de faire une chose, sont ordinairement traduits par *after*. (14) La traduction littérale de *against* est contre, et, dans ce sens, il marque l'opposition et la contrariété. (15) Quelquefois il se rend par a, et, dans ce sens, il marque la continuité et la proximité. (16) La meilleure règle qu'on puisse donner sur la préposition *at*, est qu'on s'en sert le plus généralement pour indiquer le lieu, le temps, la manière; il sert aussi à dénoter plusieurs espèces d'occupations : il se rend par, a, de, en, par, près; mais l'emploi en est si divers que je conseille l'élève de se fier plutôt aux exemples qu'aux principes. (17) *By*, outre les propriétés qu'il a en commun avec la préposition française par, sert à marquer le temps et la proximité. (18) *In*, *into*, en ou dedans. *In* se rapporte au repos; *into* au mouvement. (19) Cependant, si le mouvement se borne à un endroit nommé, on se sert de *in*. (20) *On* ou *upon*, sur. On ne peut se servir de *upon* que lorsqu'on nomme la chose ou l'endroit sur lequel on met ou pose une autre chose; mais *on* se dit toujours quand on ne la nomme pas; et, dans le style familier,

on peut également se servir de *on* quand on la nomme. (21) Jusqu'a, lorsqu'il se rapporte au temps, se rend par *till*; s'il est employé après depuis pour marquer la distance d'une place à une autre, il se rend par *to*. (22) Jusqu'a, employé d'une manière emphatique, se rend par *even*. (23) En français, on répète quelquefois la préposition avant plusieurs noms de suite; ce qui n'a pas lieu en anglais, sans que la phrase n'exige une emphase particulière.

(23) Le de qui suit le superlatif, s'exprime par *of*, lorsque les deux objets sont comparés, et par *in*, quand ils ne le sont pas.

W.

CONJONCTIONS.

(1) Après le verbe douter, *to doubt*, employé négativement, que se rend par *but*. (2) Si le verbe douter est sans négation, le que, qui le suit, s'exprime par *that*. Observez : si que est employé dans le sens de si, il faut le rendre par *whether*. (3) Lorsque que, signifie quand, parce que, a moins que, avant que, jusqu'a ce que, il s'exprime par *when, because, unless, before*, *till* ou *until*. (4) Que, signifiant de crainte que, de peur

QUE, se rend par *lest* ou *for fear that*. (5) Il y a quelques conjonctions qui suivent nécessairement des autres employées au commencement d'une phrase; comme, par exemple : après *though* ou *although*, QUOIQUE, il faut employer *yet* ou *nevertheless*, ENCORE OU NÉANMOINS, dans la seconde partie de la phrase; après *whether* ou *either*, *or*; après *neither*, *nor*; après *as*, *so*; après *so*, *that*; après *that*, *so*, pour exprimer un résultat. En faisant attention aux règles ci-dessus, l'élève franchira bien des difficultés avec la plus grande facilité. (6) Le QUE au milieu d'une phrase précédé de la conjonction ET, ne s'exprime pas.

LOCUTIONS.

This is above * our strength.   Ceci est au - delà de nos forces.

They are at peace.   Ils sont en paix.

At my first setting up,   (ou)   A peine avais-je commencé.

I had only just begun **.

At a great expense.   A grands frais.

At a small expense.   Avec peu de dépense.

He is angry with you.   Il vous en veut.

I am at the pains and expense.   J'y mets mon temps et mon argent.

They are always at him.   On l'importune toujours.

---

* *Above* veut dire, littéralement, au-dessus, et semble porter l'idée que pour effectuer ce dont on parle, il faudrait une force supérieure.

** *At my first setting up* s'attache plus particulièrement aux affaires de commerce, et il marque l'époque plus indéfiniment que la seconde phrase. *I had only just begun* marque qu'il n'était écoulé que très-peu de temps. On peut se servir de cette locution en parlant de plusieurs actions, comme *parler*, *écrire*, *penser*, *marcher*.

At one blow. — D'un seul coup.

I am always perplexed with proper names. — Je me brouille toujours avec les noms propres.

To be at rest. — Être en repos.

Away, you flatterer. — Allez, flatteur que vous êtes.

He builds castles in the air by day, and, by night, he dreams of them. — Il bâtit des châteaux en Espagne de jour; et de nuit il en rêve.

He came in at one gate * and went out at another. — Il entra par une porte, et sortit par une autre.

As for me, I think not. — Quant à moi, je pense que non.

He went there a by-way. — Il y alla par un chemin peu fréquenté.

I am hungry, thirsty, cold, warm, ashamed, afraid, in the right, obliged, prudent, reserved, in the wrong, grateful, ten years old, twenty years old, etc. — J'ai faim, soif, froid, chaud, honte, peur, raison, obligation, de la prudence, de la réserve, tort, de la reconnaissance, dix ans, vingt ans, etc.

According to his, her opinion, etc. — Selon lui, etc.

I followed him, but at a distance. — Je le suivis, mais d'un peu loin.

---

* *Gate* veut dire barrière ou porte qui est aux bornes d'une possession d'un terrain, etc. *Gate* veut dire quelquefois portail.

Without a moment's hesitation, I should prefer her sister.

Sans hésiter un moment, je préférerais sa sœur.

The Gospel has served for ages, as a pretext for the rage of the Europeans.

L'Evangile a servi, pendant des siècles, de prétexte aux fureurs des Européens.

This woman appears to be meek and gracious.

Cette femme a l'air doux et gracieux.

It is as white as snow.

Il est blanc comme du lait.

The streets of London are very dirty.

Il fait bien de la boue (ou bien de la crotte) dans les rues de Londres.

He began at me.

Il tomba sur moi.

I will die before * I behave so.

Je mourrai plutôt que d'agir ainsi.

They are below ** (ou beneath) the indignation of an honest man.

Ils sont indignes de la colère d'un honnête homme.

He rewarded him beyond*** his merit.

Il le récompensa plus qu'il ne mérite.

When the adjective is com-

Lorsque l'adjectif est com-

* La traduction littérale de *before* est : AVANT QUE. La phrase anglaise est plus expressive que la phrase française.

** *Below* et *beneath* sont synonymes. Ils servent à marquer en même temps le manquement de mérite de la part de celui dont on parle, et le mépris que lui porte celui qui parle.

*** *Beyond* veut dire AU-DELA. Ainsi il fait entendre que la récompense était outre mesure.

pared in the superlative degree, it must be preceded by the definite article *the*.

paré au superlatif, il faut le faire précéder de l'article défini *the.*

He puts on paper what he is ashamed to pronounce by word of mouth.

Il met sur papier ce qu'il a honte de prononcer de vive voix.

He is a saint, you say : that may be ; but the strength of his mind does not hinder him from being led away by the senses : he covets titles, dignities, honors and gold.

Il est saint, dites-vous : cela peut être ; mais la force de son esprit n'empêche qu'il se laisse prendre aux sens : il convoite les titres, les dignités, les honneurs et l'or.

He has broken his oath.

Il a manqué à son serment.

He began to work, to study, to dance, to sing, etc.

Il se mit à travailler, à étudier, à danser, à chanter, etc.

He is a jocose fellow.

Il entend bien la raillerie.

We are deservedly laughed at.

On se moque de nous avec raison.

Rejoice at your fate, which permits you to have a clear conscience.

Bénissez votre sort qui vous permet d'avoir une conscience à vous.

He began to run with all his might.

Il se mit à courir de toutes ses forces.

He is beside himself.

Il est hors de lui.

The sea, raised by the wind, became more and

La mer, soulevée par le vent, grossissait à chaque

...more boisterous every moment.	...instant.
Go down stairs and look for my colour-box.	Allez en bas chercher ma boîte à couleurs.
He torments me every week with his letters.	Il me tourmente toutes les semaines par ses lettres.
Have you extended your reflections to the cause of evil.	Avez-vous porté vos réflexions sur la cause du mal.
Put the books that you have taken, each in its place.	Remettez les livres que vous avez pris, chacun à sa place.
That you may not be in doubt, I will give you earnest.	Pour que vous ne soyez pas dans l'incertitude, je vous donnerai le denier-à-dieu.
A man persecuted cannot but feel the evil; but he must despise his persecutors.	L'homme persécuté ne peut que sentir le mal; mais il doit mépriser ses persécuteurs.
He has forfeited his word.	Il a manqué à sa parole.
He has not fulfilled his duty.	Il a manqué à son devoir.
He has sent me a letter from Mr.....	Il m'a remis une lettre de la part de M. .....
He forded the river.	Il passa la rivière à gué.
He walked more than five leagues fasting.	Il marcha à jeun plus de cinq lieues.
The blood flowed from his	Il rendit le sang par la bou-

mouth, nose and ears.	che, par le nez et par les oreilles.
The general surrendered; and the soldiers, following his example, grounded their arms.	Le général se rendit, et les soldats, à son exemple, baissaient leurs armes.
From our birth we are condemned to die.	En naissant on est condamné à mourir.
I forgot to tell you that yesterday.	Il m'a échappé hier de vous dire cela.
Good night and a good night's rest.	Bonne nuit et bon repos.
He goes beyond* all in point of justice.	Il surpasse tous les autres en fait de justice.
Go out of my sight	Otez-vous de devant moi.
It is an affair that may give rise to many difficulties.	C'est une affaire qui peut entraîner bien des difficultés.
He gives himself up to the government of his anger.	Il n'écoute que son dépit.
A translator who contents himself with being purely	Un traducteur qui se borne à être purement littéral

---

* Cette expression est permise, et peut-être est-elle toute aussi bonne qu'une infinité d'autres inventées sans raison et admises sans examination. La justice est unique, simple; mais il semble que la préposition *beyond*, dans la phrase plus haut, désigne seulement que la personne dont on parle porte la justice dans toutes ses actions avec une ponctualité peu commune.

literal generally perverts the design.	en abuse le plus souvent.
I have got the tooth-ache, head-ache, etc.	J'ai mal aux dents, mal à la tête, etc.
I have got a pain in my side, stomach, arm, leg, etc.	J'ai mal au côté, à l'estomac, au bras, à la jambe, etc.
Gun-flint.	Pierre à fusil.
Can we foresee what there is beyond the grave?	Pouvons-nous prévoir ce qu'il y a au-delà de la mort?
He is hard to come at.	Il est de difficile accès.
He has travelled all over France, England, Spain and Italy.	Il a voyagé par toute la France, l'Angleterre, l'Espagne et l'Italie.
His generous mind shines through all he does.	La générosité éclate dans tout ce qu'il fait.
Opinions have no weight with me: I only listen to facts.	Les opinions ne valent rien pour moi : je n'écoute que les faits.
His advise is, to wait six months longer.	Il recommande qu'on attende encore six mois.
He has but little esteem for the advice of his friends.	Il estime peu les conseils de ses amis.
She turned her head aside.	Elle détourna de lui sa vue.
I had a singular dream last night.	J'ai fait un songe singulier cette nuit.
M.... has been in the country for this last month.	Madame... est à la campagne depuis un mois.

He has just left school.   Il vient de sortir du pension-
                               nat.

I am in for it*.   . . . .

I say : I want to speak to   Écoutez : je veux vous par-
   you.   ler.

Well ! what do you want to   Eh bien ! que voulez-vous
   say.   dire.

The affair in question is not   L'affaire dont il s'agit n'est
   important.   pas importante.

In a cottage or a palace,   Sous le chaume ou sous des
   love speaks the same lan-   lambris dorés, l'amour
   guage.   parle le même langage.

His langage is insipid.   Son langage et plat et sec.

He has refused with disdain   Il a refusé avec dédain ce
   what another would   qu'un autre aurait accep-
   have jumped at.   té avec joie.

A stick in his hand.   Un bâton à la main.

Misery must increase in   Il faut que la misère aug-
   proportion as wealth is   mente à mesure que les

---

* *I am in for it* est une expression très-familière et qui se dit
beaucoup. Elle marque généralement que quelque chose de fâ-
cheux est arrivé. Lorsqu'on a perdu au jeu ou qu'on est malade
(surtout si la maladie est l'effet de l'intempérance ou une chose
sur laquelle on peut plaisanter la personne); de même lorsqu'on a
joué à quelqu'un un mauvais tour, et que la découverte en a produit le déplaisir à une personne qu'on n'aurait pas voulu offenser,
on dit familièrement *I am in for it*. On sentira bien qu'il serait impossible d'indiquer toutes les circonstances dans lesquelles on peut
se servir de cette manière de parler.

amassed in fewer hands.

richesses s'accumulent sur un plus petit nombre de têtes.

It is in vain for him to talk.

Il a beau parler.

Put the books that you have taken in their several places.

Remettez chacun à leur place les livres que vous avez pris.

My child is cutting his, *ou* her teeth.

Les dents percent à mon enfant; les dents lui viennent.

He knows how to take a joke.

Il entend bien raillerie.

In that part of learning, he leaves all others behind* him.

Dans cette partie d'érudition, il surpasse tous les autres.

He lays the blame on his friend.

Il s'en prend à son ami.

How do you like Paris?

Comment vous plaisez-vous à Paris?

Let us play at hide-and-seek.

Jouons à la cligne-musette.

Set about that directly.

Mettez-vous après cela tout de suite.

---

* Ceci est une expression tout à fait figurative. Au propre, on dit *to leave behind*, laisser en arrière. Ainsi, dans la phrase plus haut, on sous-entend que la personne dont on parle l'a déjà emporté sur les autres, et qu'il ne leur est guère possible de la rattrapper.

He has had a misunderstanding with M^r. A.	Il s'est brouillé avec monsieur A.
The Mars, a man of war, is off.....	Le Mars, vaisseau de guerre, est à la hauteur de.....
It is a mere play of words.	Ce n'est qu'un jeu de mots.
The arrogant man mistakes his own being.	L'homme arrogant se méconnaît.
My head aches.	J'ai mal à la tête.
My teeth ache.	J'ai mal aux dents.
He has made me angry, (ou) He has put me out of temper.	Il m'a mis de mauvaise humeur.
I am going to change my linen, clothes, etc.	Je vais changer de linge, de vêtemens, etc.
He had no sooner opened his lips but they began to cry : off, off.	Apeine avait-il commencé à parler, qu'on commençait à crier : à bas, à bas.
He puts me off from day to day.	Il me remet de jour en jour.
On my part, I have nothing more to say.	De mon côté je n'ai plus à dire.
He plays on the violin, on the harp, etc.	Il joue du violon, de la harpe, etc.
She plays on the piano, etc.	Elle touche du piano, etc.
On the right hand. On the left.	A main droite. A gauche.
I shall go there on foot; but that is no reason why you should not go on horseback.	J'irai à pied, mais cela n'empêche que vous n'y alliez à cheval.

On such solemn occasions, it is natural for the heart to be oppress'd.

Dans ces occasions solennelles, il est naturel que le cœur soit opprimé.

He leaped over the brook.

Il sauta au-delà du ruisseau.

The danger is over.

Le danger est passé.

I have read over your book.

J'ai lu votre livre d'un bout à l'autre.

She did it out of spite.

Elle le fit par malice.

He is banished out of his country.

Il est banni de son pays.

Nature has provided for the subsistence of men throughout the whole world.

La nature a pourvu à la subsistance des hommes par tout le monde.

Orders and dignities present nothing to him but ribands and medals.

Les ordres et les dignités ne lui laissent voir que des rubans et des médailles.

I cited Walker's dictionary; but he paid no respect to this authority.

Je citais le dictionnaire de Walker; mais il ne tint aucun compte de cette autorité.

If his ideas prevail, adieu to my hopes.

Si ses idées ont lieu, adieu mes espérances.

She threw herself on her neck, and, pressing her in her arms, wept bitterly.

Elle se jeta à son cou, et, la serrant dans ses bras, elle pleura amèrement.

The clouds were of a dreadful black in their cen

Les nuages étaient, à leur centre, d'un noir af-

tre and of a copper co-	freux, et cuivrés sur
lour at their edges.	leurs bords.
He eagerly seized the letter	Il saisit avidement la lettre
and pressed it to his	et la porta sur sa bouche.
lips.	
That woman has a prepos-	Cette femme à l'air préve-
sessing appearance.	nant.
He is a naughty boy : he	C'est un méchant garçon :
often plays the truant.	il fait souvent l'école
	buissonnière.
This recital make one's	Ce récit fait dresser les
hair stand on end.	cheveux sur la tête.
Two peas are not more	Mon frère et moi, nous
alike than my brother	nous ressemblons com-
and I.	me deux gouttes d'eau.
People often rack their	On se casse la tête souvent
brains for trifles.	pour des bagatelles.
The object of a translator	Un traducteur doit avoir
ought to be, to render	pour objet de faire sentir
the whole force and me-	toute la force et tout le
rit of the text.	mérite du texte.
He had reason to fear that	Il avait à craindre de voir
he might see his labor	son travail de plusieurs
of several years lost.	années perdu.
When an Englishman sells	Lorsqu'un Anglais vend sa
his wife, he fastens a	femme, il lui attache une
cord round her waist.	corde à la ceinture.
Repentance and despair re-	Le repentir et le désespoir
sult from those evils, of	marchent à la suite des

...which we have been the cause.	...maux dont nous avons été la cause.
I have seen some sparrow-hawks this morning flying round the top of the church.	J'ai vu des éperviers, ce matin, qui volaient en rond au haut de l'église.
I scolded him away.	Je l'ai chassé à force de le gronder.
Sit down by me.	Asseyez-vous à côté de moi.
Sensual pleasures are of short duration.	Les plaisirs des sens sont de courte durée.
Shew this lady some ribands.	Laissez-voir à cette dame des rubans.
Nobody is screened from slander.	Personne n'est à l'abri de la médisance.
We were under shelter during the storm, (*ou* shower).	Nous étions à l'abri pendant l'orage.
We were shelterd from the rain.	Nous étions à l'abri de la pluie.
At sun-rise. At sun-set.	Au lever du soleil. Au coucher du soleil.
He swam across the river.	Il passa la rivière à la nage.
In his blood-shot eyes stood tears which had no power to flow.	Dans ses yeux à demi-sanglants, des larmes s'arrêtèrent sans pouvoir couler.
This unnatural man soon received the punishment of his cruelty.	Cet homme dénaturé ne porta pas loin la punition de sa dureté.

That young lady has a fine set of teeth.	Cette demoiselle a une belle denture.
He has slept throughout the whole night.	Il a fait la nuit tout d'un somme.
He has slept well.	Il a fait un bon somme.
He is quite a different man from what you said.	Il est tout autre que vous ne disiez.
At hand.	Tout prêt, *ou* sous la main.
He has gone off to America.	Il est parti pour l'Amérique.
He lives two leagues out of town.	Il demeure à deux lieués de la ville.

FIN.